AF403227

FACULTÉ DE DROIT DE PARIS.

THÈSE
POUR LE DOCTORAT.

L'acte public sur les matières ci-après sera soutenu, le mercredi 9 avril 1856, à onze heures,

Par CAMILLE GODELLE,

Avocat à la Cour impériale de Paris.

Président : M. PELLAT, Professeur.

SUFFRAGANTS : MM. ORTOLAN, DURANTON, DUVERGER, Professeurs
DEMANGEAT, Suppléant.

Le Candidat répondra en outre aux questions qui lui seront faite sur les autres matières de l'enseignement.

PARIS,
CHARLES DE MOURGUES FRÈRES, SUCCESSEURS DE VINCHON,
IMPRIMEURS DE LA FACULTÉ DE DROIT,
rue Jean-Jacques Rousseau, 8.

1856.

1685

A MON PÈRE, A MA MÈRE.

A MES GRANDS PARENTS.

ESSAI

SUR

LES DONATIONS ENTRE ÉPOUX.

Nous nous proposons d'étudier dans cette thèse les règles diverses auxquelles furent soumises les donations entre époux dans la législation romaine et dans la législation française. Nous commencerons par la législation romaine.

Trois périodes sont à distinguer dans cette législation relativement aux donations entre époux. Une première période comprend environ les six premiers siècles de Rome; la seconde s'étend jusqu'au règne de Caracalla; la troisième commence à cet empereur et se termine avec l'empire. Nous examinerons dans leur ordre chronologique chacune de ces périodes.

PREMIÈRE PARTIE.

DROIT ROMAIN.

PREMIÈRE PÉRIODE.

Des donations entre époux avant leur prohibition.

Les donations entre époux paraissent avoir été permises, et n'avoir été l'objet ni d'une prohibition absolue ni même d'une restriction pendant les premiers siècles de Rome, ainsi que cela résulte de la loi Cincia dont la date est fixée 203 ans avant l'ère chrétienne. Cette loi, qui avait pour but de poser des limites aux libéralités entre vifs, établissait des exceptions en faveur de certaines catégories de personnes, parmi lesquelles les époux se trouvaient compris relativement aux avantages qu'ils pourraient se faire mutuellement : *Excipiuntur affinium personœ, vir et uxor, sponsus sponsa, omnibus inter se donare capere liceto* (1). Ce texte si formel n'a pas empêché plusieurs auteurs de soutenir que la prohibition des donations entre époux remontait à une époque antérieure, et que la loi Cincia, dans la disposition que nous venons de citer, avait en vue seulement des cas particuliers où, sous l'empire même de la prohibition, les donations entre époux étaient exceptionnellement autorisées.

Mais les expressions de la loi sont tellement générales qu'elles résistent à une telle interprétation ; et du reste, comme le remarque le savant doyen de la faculté de Paris, « les exceptions apportées à la prohibition des « donations entre époux ont été pour la plupart introduites par des constitutions impériales ou par une jurisprudence évidemment « postérieure à la loi Cincia (2). »

Il faut en outre remarquer que dans les temps primitifs de Rome les donations entre époux ne devaient pas entraîner les abus qui plus tard en ont rendu nécessaire la prohibition. Le luxe

(1) Frag. Vat , 302-298.

(2) M. Pellat, Textes sur la dot, p. 357.

n'avait pas encore altéré les mœurs, ni fait naître les besoins et la convoitise de la richesse. D'ailleurs le plus souvent la femme avait alors dans la famille une position qui ne lui permettait ni de faire ni de recevoir des libéralités entre vifs. Par la *confarreatio* chez les patriciens, par la *coemptio* et même par la cohabitation pendant une année pour les plébéiens, la femme tombait *in manum mariti*, prenait dans la maison le rang de fille, perdait à la fois la propriété de ses biens, et sa personnalité juridique qui se confondait avec celle de son époux. Incapable de rien posséder en propre, elle n'avait rien à donner, et n'aurait pu profiter des donations entre vifs dont elle aurait été l'objet de la part de son conjoint.

Mais lorsque les mœurs antiques eurent perdu leur sévère simplicité, et qu'en même temps les lois qui régissaient l'union conjugale et l'autorité du mari eurent été abolies ou modifiées, il devint nécessaire de mettre un terme aux inconvénients qui résultaient des donations entre époux. Nous allons examiner dans le chapitre suivant : 1° l'origine et les motifs de la prohibition dont on les frappa ; 2° son étendue ; 3° ses effets.

DEUXIÈME PERIODE.

De la prohibition des donations entre époux.

CHAPITRE Ier.

MOTIFS ET ORIGINE DE LA PROHIBITION.

Dans cette seconde période, la liberté laissée aux époux de se faire des donations entre vifs fit place à un régime tout différent. Suivant Cujas (1), la prohibition de ces donations avait son origine dans les lois de Solon, et son principe avait été posé dans les Douze Tables. *Jus est ex Solonis legibus, et ut arbitror ex XII, veluti patria potestas, et interdicta prodigo bonorum administratio.* Il est peu important et en même temps très-difficile, sinon impossible, de savoir si elle a été empruntée à la législation d'Athènes, ou si elle était au contraire une particularité du droit romain. Quant à l'opinion qui la fait remonter aux décemvirs, elle nous semble démentie par le fragment de la loi Cincia que nous avons déjà cité, et qui n'était pas connu au moment où Cujas écrivait. Du reste, il ne paraît pas que les donations entre

(1) Oper. omn., édit. de Naples, t. 1, p. 784.

époux aient été défendues ou déclarées nulles par une loi positive. *Moribus apud nos receptum est*, dit Ulpien, *ne inter virum et uxorem donationes valerent* (1). Ainsi, l'incapacité où se trouvaient les époux de se faire l'un à l'autre des donations ne résultait pas du droit écrit, mais de la coutume, de la jurisprudence. Elle était l'œuvre du temps, du consentement général, et pour ainsi dire d'une nécessité sociale. Les jurisconsultes romains présentent en faveur de la prohibition un grand nombre de considérations morales : l'intérêt des enfants, la crainte de voir le mariage devenir une spéculation (*venalia essent matrimonia*) (2), l'union conjugale troublée par les exigences des époux ou de l'un d'eux, le plus faible achetant son repos au prix de sa fortune (*concordia pretio conciliari videretur*) (3). Ces considérations avaient surtout pris une grande force à l'époque où les divorces devinrent si fréquents à Rome, que Sénèque disait spirituellement : « que beaucoup de femmes ne comptaient plus les années par les consuls, mais par leurs maris (4). »

(1) D., L. 24, tit. 1, l. 1, de don. int. vir. et uxor.

N. B. Les textes auxquels nous renverrons sans indiquer les titres du Digeste où ils se trouvent, seront les textes qui appartiennent au titre *de donat. int. vir. et uxor.*

(2) L. 2, Sextus Cæcilius.

(3) L. 3, pr.

(4) Senèque, de benef., lib. 3, c. 16.

Les abus auxquels pouvaient donner lieu les donations entre époux ne devaient pas du reste en entraîner la prohibition absolue; il fallait seulement assurer le sort des enfants, et protéger les époux eux-mêmes contre leurs propres entraînements ou contre l'avidité de l'un d'eux.

CHAPITRE II.

DE L'ÉTENDUE DE LA PROHIBITION.

L'étendue de la prohibition dont nous nous occupons peut être considérée, soit quant aux personnes, soit quant aux actes mêmes de donations.

Nous nous occuperons d'abord de cette prohibition relativement aux personnes : 1° les époux légitimes ; 2° les personnes unies par le concubinat ; 3° celles dont le mariage est nul, et qui ne sont qu'époux apparents ; 4° celles que la prohibition atteint à raison de leur situation particulière à l'égard des époux.

SECTION 1re.

Des personnes comprises dans la prohibition.

§ 1er. — Des époux légitimes.

La prohibition des donations entre époux

avait été surtout établie en faveur de personnes qui étaient liées par un mariage légitime, un mariage suivant le droit des Romains (*justum matrimonium*, *justæ nuptiæ*). Ce mariage était celui d'où découlaient la puissance paternelle, la parenté civile (*agnatio*), les droits de famille. Lui seul conférait à l'homme le titre de *vir*, et à la femme le titre d'*uxor*, avec l'association aux honneurs et dignités du mari. Pour qu'il pût être contracté, trois conditions étaient essentielles : la puberté des deux parties, leur consentement mutuel, et celui du père de famille dont chacun pouvait dépendre ; enfin le *connubium*, c'est-à-dire la capacité relative de se prendre réciproquement pour époux. Il n'y a jusqu'ici aucune difficulté ; mais l'application aux époux légitimes du principe de la prohibition soulève pourtant une question très-délicate et très-controversée. A quel moment le mariage légitime était-il considéré comme parfait, et la prohibition commençait-elle à produire son effet? Cette question peut recevoir une solution différente, suivant l'opinion que l'on se forme sur les formalités essentielles à l'existence du mariage légitime chez les Romains. Était-il parfait par le simple consentement, ou seulement lorsqu'un fait extérieur et public venait s'ajouter au consentement? Dans le premier cas, la prohibition atteindrait toutes les donations postérieures au moment où le consentement aurait été respectivement donné; dans le second cas, les donations seulement qui auraient suivi le fait extérieur et public qu'exigeait la loi pour la perfection du mariage.

Pour arriver à la solution de cette question, il est nécessaire de bien établir, d'une part, le caractère des actes ou contrats consensuels auxquels, dans la première hypothèse, le mariage légitime se trouverait assimilé, d'autre part, la nature et les conditions propres de ce mariage lui-même.

Il y avait chez les Romains une classe de contrats qui se formaient par le consentement des parties, par le simple concours de leurs volontés, et qui étaient parfaits sans que leur existence fût constatée, soit par un écrit, soit par un fait matériel, sans même que le consentement eût été donné simultanément par les parties en présence. Si le mariage avait été un acte de cette nature, il aurait dû pouvoir s'accomplir de la même manière : or, des textes nombreux nous montrent qu'il en était autrement. Paul, dans ses Sentences, dit formellement : *Femina absens nubere non potest* (1). Pomponius, au Digeste, n'est pas

(1) Pauli sent., 2, 19, § 8.

moins explicite : *Mulierem quæ abesset ex litteris vel nuntio suo duci a marito non posse* (1). On exigeait donc, pour la perfection des *justæ nuptiæ*, autre chose que le simple consentement des parties.

Mais quelle était la condition exigée ? Chez les Romains, le mariage s'accomplissait sans que la puissance publique intervînt par un de ses représentants, comme cela a lieu chez nous, où l'officier de l'état civil doit prononcer l'union des époux.

La consécration même de la religion n'était pas nécessaire pour que le mariage eût toute sa force devant la loi. Les pompes religieuses qui l'accompagnaient avaient seulement pour but d'appeler sur les époux la faveur des dieux. Enfin, les écrits que souvent on rédigeait, soit pour régler les conventions matrimoniales (*instrumenta dotalia*), soit pour constater la célébration du mariage (*nuptiales tabulæ, instrumenta ad probationem matrimonii*), servaient simplement de moyens de preuves. Le mariage pouvait être valable quand ils n'existaient pas, et nul quand il était appuyé de leur témoignage. Toutefois il semble résulter de plusieurs textes que, d'après d'anciennes lois, la rédaction d'un contrat dotal était requise quand il

(1) L. 5, de ritu nuptiarum.

s'agissait de mariage entre personnes d'inégale condition (*inter impares personas*). Mais ce n'était là qu'une disposition exceptionnelle qui ne contrarie nullement les principes que nous venons de poser.

Le fait selon nous indispensable pour qu'il y eût mariage, le fait qui devait s'ajouter au consentement des parties, c'était la tradition de la femme au mari. Cette tradition s'opérait par les modes divers en usage pour l'exécution des contrats, et le vœu de la loi se trouvait rempli dès que la femme avait été mise d'une manière quelconque à la disposition de celui qu'elle épousait. Les futurs conjoints étaient-ils présents l'un et l'autre, ils n'avaient qu'à exprimer leur volonté de s'unir, et cela suffisait. *Non est corpore et actu necesse apprehendere possessionem, sed etiam oculis et affectu* (1). Dans d'autres circonstances, la tradition s'effectuait par ce qu'on nommait la *deductio in domum mariti*. La femme était conduite au domicile conjugal, et cette *deductio* devint peu à peu tellement habituelle que *ducere uxorem* fut, dans la langue latine, synonyme de *in matrimonium coire*. Les cérémonies qui avaient lieu à cette occasion ne servaient, suivant l'heureuse expression de M. Ortolan, qu'à déguiser l'âpreté du droit. Quelquefois le fiancé

(1) L. 1, § 21, de acquir. et amitt. posses., Paul.

allait chercher sa fiancée au sein de sa famille et en prenait ainsi possession avant de l'emmener chez lui. C'est ce qui faisait dire au jurisconsulte Scævola : *Plerumque deductio fit post deductum matrimonium* (1). Tout se passait donc comme dans le cas d'un contrat ordinaire, où le débiteur se libérait de son obligation de livrer la chose promise, soit en la portant à son créancier, soit en la lui laissant enlever, soit simplement en la lui montrant.

La nécessité de la tradition de la femme au mari n'est guère en rapport avec nos idées actuelles sur le mariage ; elle se trouvait au contraire en complète harmonie avec les règles et principes du droit romain. Souvenons-nous, en effet, qu'on assimilait la femme aux objets mobiliers pour la faire tomber *in manum mariti;* tantôt ses parents la vendaient *per æs et libram ;* tantôt, semblable à la chose la plus vulgaire, elle était prescrite après le laps d'une année. D'un autre côté, n'oublions pas que le mariage était, à Rome, dépourvu de toutes les formalités publiques. Souvent, pour le prouver, on avait besoin de recourir à l'attestation des amis et des voisins (*amicorum fidei, vicinis vel aliis scientibus*). Il était donc naturel que la tradition fût nécessaire à la perfection du mariage, puis-

(1) L. 66, pr. Scævola.

qu'elle était en rapport avec le caractère que la loi romaine donnait à la femme dans un grand nombre de cas, et qu'en même temps elle fournissait un fait matériel propre à en constater l'existence.

Dans le système que nous adoptons, tous les textes du Digeste et du Code s'expliquent facilement. On comprend ceux desquels il résulte que la fiancée absente du domicile de son fiancé ne pouvait pas réaliser son mariage en y consentant seulement par lettre ou par messager (*per nuntium vel per epistolam*). Dans ce cas, en effet, la tradition n'avait pas lieu. Il en était autrement si la femme avait été conduite à la maison conjugale, même en l'absence du mari, pourvu qu'il eût manifesté d'une manière certaine son intention de se marier. Il y avait alors concours de volonté, et, d'autre part, la femme avait été mise à la disposition de celui qu'elle prenait pour époux.

Une objection, cependant, a souvent été faite à l'opinion que nous venons de développer, et cette objection se fonde sur les deux lois suivantes qui semblent, au premier abord, présenter le mariage comme un acte consensuel : *Matrimonium contractum consensu intelligitur; Nuptias non concubitus, sed consensus facit* (1). Nous pensons

(1) L. 30, de reg. juris, Ulpien.

que sans s'écarter du système que nous avons admis, on peut donner à ces deux lois un sens satisfaisant. Ulpien et Scævola nous paraissent y avoir eu en vue le cas où les contractants se trouvaient en présence l'un de l'autre, et où par conséquent le consentement suffisait pour la perfection du mariage. Peut-être aussi ont-ils voulu exprimer qu'en aucun cas les lois n'exigeaient la cohabitation (*concubitus*), et que la tradition était accomplie, *statim atque ducta erat uxor, quamvis nondum in cubiculum mariti venisset*. Enfin, il ne serait pas impossible qu'ils eussent entendu rappeler cette idée fondamentale, à savoir : que la mise de la femme à la disposition de son mari n'était pas un trait distinctif des justes noces, mais au contraire un caractère commun également au concubinat. L'intention des parties différenciait seule ces deux sortes d'union reconnues par la loi ; ainsi que le disait Paul : *Concubinam ex sola animi destinatione æstimari oportebat* (1).

Ces principes une fois posés, il nous reste à en faire l'application à la matière des donations. Ce sera un nouveau moyen d'en contrôler l'exactitude.

Les raisons qui motivaient la prohibition des donations entre époux n'avaient de force que

(1) L. 4, de concubinis, Paul.

du jour de la célébration du mariage, de même qu'elles n'existaient plus aussitôt que le mariage était dissous. Dès l'instant donc où les futurs époux avaient consenti à s'unir et où la tradition de la femme au mari avait eu lieu, les libéralités entre vifs qu'ils se faisaient devaient être de plein droit frappées de nullité ; quant à celles qui étaient antérieures à cette époque, elles restaient valables comme remontant par leur date à un temps où le mariage n'étant pas parfait, la prohibition n'existait pas. La loi 66 confirme cette règle par deux espèces. On y voit, en effet, que la donation faite *antequam mulier in domum deduceretur* n'était pas nécessairement une donation permise, puisque souvent le mariage précédait la *deductio ;* en second lieu, cette même loi nous dit que si une fiancée a été conduite dans les jardins (*in hortos*) de son fiancé et y a demeuré dans un pavillon séparé, la libéralité consentie par elle au profit de son futur, mais *antequam ad eum transeat*, doit sans hésitation être maintenue par le juge. C'est que la tradition, et par suite le mariage, ne s'accomplissaient, en pareil cas, que par le passage de la femme dans l'appartement de celui auquel elle allait s'unir.

Nous avons déjà dit que la prohibition qui commençait avec le mariage finissait avec lui. Les époux divorcés recouvraient la liberté de se faire des libéralités. Il fallait seulement que le divorce eût été prononcé d'après les formes légales, *secundum legitimam observationem*. On exigeait aussi qu'il fût sérieux; s'il était simulé, l'incapacité subsistait. Proculus et Cæcilius pensaient qu'on devait rejeter toute présomption de simulation dans le cas où un nouveau mariage avait été contracté, et dans celui où la femme avait laissé s'écouler un temps assez long pour qu'il lui fût permis de convoler à d'autres noces, « si aliæ nuptiæ insecutæ sint, « aut tam longo tempore vidua fuisset ut du- « bium non foret alterum esse matrimonium. »

§ 2. — Des personnes unies par le concubinat.

A côté des *justes noces*, dont nous venons de nous occuper dans leur rapport avec les donations entre époux, le droit romain reconnaissait le concubinat. « C'était le commerce licite « d'un homme et d'une femme sans qu'il y eût « mariage entre eux (*licita consuetudo non « causa matrimonii*). Dans les mœurs romaines, « le concubinat était permis, même commun. « Les lois le distinguaient du *stuprum* et ne le « frappaient d'aucune peine. Mais dès qu'une « union était entachée de violence ou corrup- « tion sur une personne honnête, dès quelle « était formée entre personnes mariées, entre

« parents ou alliés au degré prohibé, elle
« n'était pas le concubinat, mais un *stuprum*,
« *adulterium, incestum*. L'homme marié ne pou-
« vait avoir une concubine. On ne pouvait non
« plus avoir plusieurs concubines à la fois. »

Ces lignes, que j'emprunte à M. Ortolan, me semblent parfaitement caractériser ce qu'à Rome on entendait par concubinat. Cette sorte d'union, peu honorable pour la femme, et flétrissante même pour celle d'une naissance et d'une condition élevées, cessait d'exister par la volonté des deux parties ou de l'une d'elles, sans que cette séparation constituât un véritable divorce et fût soumise aux mêmes conditions. On le distinguait des justes noces, *animi destinatione, dilectu, mulieris dignitate*, d'après l'intention et l'affection de l'homme, d'après la position sociale de la femme. Le concubinat n'avait pas pour effet de conférer la puissance paternelle sur les enfants qui en étaient issus, mais elle leur donnait seulement une filiation certaine, les rattachait à leur père, rendait possible ainsi leur légitimation, et, sous le nom de *naturales liberi*, les mettait à part des enfants *spurii, vulgo concepti*. On voit que si le concubinat était, comme le mariage légitime, reconnu par la loi, et produisait même des effets civils, il y avait entre eux des différences essentielles.

Les donations entre *concubins* n'étaient pas

interdites, et même elles restaient valables si ces *concubins* venaient à contracter postérieurement un mariage légitime (1). Cette sorte de faveur accordée au concubinat peut paraître bizarre au premier aspect, et l'on se demande pourquoi la loi traitait des personnes vivant dans un état toléré par le droit, mais condamné par la morale, moins rigoureusement que celles engagées dans les liens d'une union légitime. Cujas en a donné la véritable raison. Là où l'on apercevait surtout le danger des libéralités excessives, devait intervenir le législateur pour les réprimer. Là, au contraire, où les donations étaient moins à craindre, parce que l'affection et l'estime étaient moindres, l'on pouvait se dispenser d'une prohibition. « Quo « plenior est affectio et dignitas conjugalis, eo « fuit refrenanda magis. Alioquin nullum fa- « cerent finem donandi invicem et spargendi « munera.»

Antonin Caracalla (2), par une de ses constitutions, introduisit, dans l'intérêt des militaires, une dérogation au droit commun en déclarant nulles les donations qu'ils faisaient à leurs concubines (*focariis*). L'empereur disait vouloir ainsi protéger les soldats contre ce qu'il ap-

---

(1) L. 31, de donat.

(2) C., L. 2, de donat. int. vir. et uxor.

pelle *fictæ adulationes*, contre les entraînements auxquels ils étaient exposés.

Plus tard Honorius et Arcadius décidèrent que tout homme ayant une postérité légitime ne pourrait donner à ses enfants naturels et à la femme avec laquelle il vivrait en concubinat plus de $\frac{1}{12}$ de ses biens (*extra unciam bonorum*). Quand la disposition avait lieu au profit de la femme seule, elle ne devait pas dépasser $\frac{1}{24}$ (*semiunciam*) (1) ; si le donateur était sans postérité légitime, mais laissait après lui son père ou sa mère, la même règle était applicable (2). Enfin dans les cas où le disposant non-seulement n'avait pas d'enfants issus de justes noces, mais n'avait plus ni son père ni sa mère, une constitution de Valentinien et de Gratien lui interdisait d'excéder les $\frac{3}{12}$ de son patrimoine (*ultra tres uncias bonorum suorum*) dans les libéralités qu'il faisait à sa concubine et à ses enfants naturels (3). Justinien, par sa Novelle 89, modifia ces prescriptions des princes ses prédécesseurs, et ne laissa subsister les restrictions dont nous venons de parler que pour le cas où le donateur laisserait des enfants légitimes.

---

(1) C., l. 2, de nat. lib.
(2) Code, Théod., 4, 6 ; L. 1, de nat. lib.
(3) Idem.

Il est toutefois bien entendu que sous ce régime les ascendants conservaient leur droit à la légitime déterminée par la législation antérieure.

§ 3. — Des époux apparents.

En ne considérant que les principes que nous avons posés plus haut, il semble que la prohibition ne devait pas plus s'étendre, aux cas où le mariage se trouvait frappé de nullité par l'absence d'une de ses conditions essentielles, qu'à celui où deux personnes vivaient dans le concubinat. Mais des motifs particuliers avaient conduit les jurisconsultes à déclarer nulles les donations entre époux apparents.

N'eût-ce pas été une injustice, dit Ulpien, que de mieux traiter ceux qui avaient enfreint les lois que ceux qui les avaient respectées et s'y étaient conformés (*ne melior sit conditio eorum qui deliquerunt*) (1). Toutefois une distinction était nécessaire. Quand il s'agissait d'un mariage nul pour cause d'impuberté de l'un des contractants, la libéralité valait comme libéralité entre fiancés, si des fiançailles avaient précédé le mariage (2). Il en était autrement toutes les

(1) L. 3, § 1, Ulp,
(2) L. 32, § 27.

fois que la nullité du mariage résultait de ce qu'il avait été contracté entre un sénateur et une affranchie, entre le gouverneur d'une province et une femme de cette province, entre un tuteur (ou son fils) et sa pupille, enfin entre parents au degré prohibé. Dans tous ces cas, en effet, les fiançailles n'étaient pas moins interdites que les justes noces (*sponsalia improbanda*), et les donations étaient nulles à quelque point de vue qu'on se plaçât. Le fisc acquérait le droit de revendiquer les objets donnés, comme objets tombés en des mains indignes de les conserver (*quasi ab indignis ea quæ donata sunt ablata fisco vindicari*) (1). Alexandre Sévère, par un de ses rescrits, contredit cette décision, et dans une espèce où il s'agit d'un tuteur dont le fils a épousé la pupille, accorde à cette femme des actions utiles pour reprendre les choses dont elle a disposé (*utiles actiones super his revocandis competunt*) (2). Pothier explique cette exception à la règle générale insérée au Digeste, par l'intérêt qu'inspirait à l'empereur l'âge du donateur (*Interdum ætati parcitur ejus qui donavit, ut ipsi tribuatur donati repetitio*).

(1) L. 32, § 28.
(2) C., l. 7, de don. int. vir. et uxor.

§ 4. — Des personnes atteintes par la prohibition à raison de leur situation particulière à l'égard des époux.

La puissance paternelle, dans la législation romaine, ne se bornait pas à conférer au père de famille les droits les plus étendus sur ses enfants, le droit de vie et de mort, le droit de les vendre, le droit de les exposer; elle les annihilait entièrement et les rendait incapables d'acquérir quoique ce fût pour eux-mêmes. Ils ne pouvaient être ni propriétaires ni créanciers; tous leurs biens présents et à venir, on les confisquait à vrai dire au profit de celui dont ils dépendaient. La confusion des personnes juridiques était complète. Une telle constitution de la famille nécessitait l'extension de la prohibition des donations entre époux, si on voulait que cette prohibition ne devînt pas souvent illusoire et que la fraude ne fût pas trop facile. C'est pourquoi la jurisprudence avait décidé que les donations seraient prohibées non-seulement entre mari et femme, mais encore entre ceux dont la personnalité se confondait avec celle d'un des époux, et soit l'autre époux, soit les personnes n'ayant pas une individualité distincte de la sienne. Par exemple, le père, le frère, l'enfant du mari, ne pouvaient faire de donations, ni à la femme, ni au père sous l'autorité duquel elle était, ni au frère avec lequel elle se trouvait en puissance (L. 3). Bien entendu, si par suite d'une émancipation la confusion de personnes cessait, immédiatement renaissait la liberté de donner et de recevoir, pour le membre sorti de la famille du conjoint.

Enfin, sous l'Empire, furent créées les diverses espèces de pécule, et dès lors il ne fut plus vrai de dire qu'il fallait être *sui juris* pour pouvoir être propriétaire. Ainsi, lorsqu'eurent été établis les pécules castrans et quasi-castrans, le fils fut en droit de disposer de ces pécules au profit de sa mère, qui, à son tour, put valablement lui faire des dons à son départ pour les camps et à son entrée dans les charges publiques. De même, plus tard, la création par Constantin du pécule adventice fit aux anciens principes une brèche encore plus profonde. Le père n'eut plus qu'un droit d'usufruit sur les biens de ses enfants ayant une origine maternelle. Il s'ensuivit que, quant à la nue propriété, on dut permettre la libéralité qu'une mère voulait faire à son fils.

Ce que nous avons dit de la puissance paternelle s'appliquait également à la puissance des maîtres sur leurs esclaves. Les donations étaient interdites, d'une part entre les esclaves des deux époux, et d'autre part entre chaque époux et les esclaves de son conjoint. Les esclaves, à Rome, n'étaient que la chose de leurs maîtres. Dans les actes civils on ne les considérait que comme de simples instruments. Ils n'avaient pas une personnalité propre, *ex persona domini personabantur*, et ne pouvaient avoir une capacité que la loi refusait à leurs maîtres.

SECTION II.

Des donations comprises dans la prohibition.

La prohibition qui frappait les donations entre époux s'appliquait à la fois aux donations directes et aux donations indirectes.

§ 1er. — Des donations directes.

Nous appelons donations directes celles qui consistaient, soit dans la transmission d'un droit de propriété sur des meubles ou des immeubles, soit dans une obligation contractée par le donateur envers le donataire, et qui étaient faites à la personne même qui devait en profiter. Comme la manière dont se transmettait la propriété ou se contractait l'obligation, dans le cas qui nous occupe, ne se rapporte qu'accessoirement à notre sujet, nous n'en dirons que quelques mots. La translation de propriété s'opérait par la mancipation, par la cession *in jure*, par la tradition qui, dans le droit romain du dernier temps, resta seule en usage. Les obligations constituant une donation ne purent longtemps être contractées valablement que sous la forme solennelle de la *stipulation*. C'est seulement sous Justinien, qu'en l'absence même de ces formalités elles devinrent obligatoires sous le nom de *pacta legitima* et furent munies de l'action (*condictio ex lege*) comme de véritables contrats.

Quant aux donations indirectes, il serait difficile d'en donner une définition précise, et nous allons examiner successivement les divers cas où elles peuvent se produire.

§ 2. — Des donations indirectes.

La renonciation par l'un des époux à un droit réel ou personnel qui lui appartenait, sur son conjoint, constitue une donation indirecte atteinte par la prohibition. On n'aurait pas compris, en effet, que le contraire eût lieu. Qu'il s'agît d'une libéralité par *concession* ou d'une libéralité par *omission*, le danger était le même et la prohibition, par conséquent, devait être aussi la même. Un époux, par exemple, laissait-il s'éteindre par le non-usage un droit de servitude qui lui appartenait sur le fonds de son conjoint; négligeait-il d'agir contre ce dernier en revendication pour que l'usucapion s'accomplît à son profit; s'abstenait-il, dans un procès, de lui opposer une exception ou de se défendre contre une exception opposée; perdait-il enfin ses actions en ne les exerçant pas avant la prescription, dans chacun de ces faits la loi romaine reconnaissait une donation que devait atteindre sa prohibition.

Les contrats à titre onéreux étaient permis entre époux toutes les fois qu'ils avaient bien ce caractère. En conséquence, la vente, l'échange, le contrat de louage pouvaient avoir lieu entre eux. « Si tibi maritus.... non donationis causa vendidit, quod bona fide gestum est manebit ratum. » Mais on déclarait nuls la vente, l'échange, la location, qui déguisaient une donation, par exemple lorsque dans la vente ou par le bail aucun prix sérieux ne devait être payé, ou bien lorsque dans un échange l'un des époux ne devait réellement rien recevoir en retour de ce qu'il abandonnait. On se trouvait encore dans des cas de libéralités prohibées quand les contrats, d'ailleurs véritablement commutatifs, renfermaient néanmoins un avantage indirect pour l'un des conjoints. C'est ainsi ce qui avait lieu lorsque le prix de la vente était inférieur à son taux véritable, ou que l'acheteur renonçait à la garantie des vices rédhibitoires et de l'éviction, ou enfin que dans la constitution de dot le mari avantageait sa femme ou en était avantagé par une estimation trop forte ou trop faible des objets dotaux.

Les actes que la jurisprudence romaine avait cru devoir interdire entre époux ne pouvaient pas davantage s'accomplir indirectement au moyen d'une interposition de personnes. C'eût été une manière trop facile de faire par deux actes ce qu'il n'était pas possible de faire par un seul, et les époux auraient toujours trouvé des tiers disposés à leur servir de prête-nom. Prévenir cette fraude était donc juste et raisonnable. Les jurisconsultes, toutefois, n'atteignirent ce but qu'en partie. En effet l'interposition ne se présumait jamais, et c'était au donateur ou à ses héritiers à la prouver. La difficulté de la preuve devait, on le conçoit, permettre d'échapper souvent à la prohibition, et rendre vaines les dispositions de la loi.

SECTION 3.

Des donations non comprises dans la prohibition.

§ 1er. — Libéralités testamentaires.

Les libéralités testamentaires étaient autorisées entre époux, sous quelque forme que ce fût, sous la forme d'institution d'héritier, comme sous celle de legs et de fidéicommis. C'est qu'en effet le droit de l'héritier institué, du légataire, ou du fidéicommissaire, ne naissait qu'à la mort du testateur, à une époque où il n'y avait plus mariage. Si donc on s'était arrêté aux motifs qui légitimaient l'interdiction des donations entre vifs, on aurait maintenu pleine et entière pour les conjoints la faculté de disposer par testament l'un au profit de l'autre. Mais d'autres considérations déterminèrent le législateur à restreindre en certains cas cette faculté dans d'étroites limites.

On sait ce qu'étaient devenues les mœurs de Rome dans les derniers temps de la république. Egoïstes et corrompus, la plupart des citoyens fuyaient le mariage comme une gênante servitude. Ils vivaient dans le célibat pour échapper aux charges d'une famille, et pour satisfaire avec plus de liberté leurs goûts et leurs passions. C'était une première cause d'épuisement pour la population. D'un autre côté les guerres civiles et étrangères avaient fait d'immenses ravages dans toutes les classes. Le flot toujours croissant des esclaves, des affranchis et des pérégrins remplissait, il est vrai, les vides que faisaient dans la cité la corruption et les malheurs publics; mais on n'en sentait pas moins de quels périls menaçait l'avenir, l'extinction progressive des hommes d'origine romaine et ingénue.

Auguste chercha à conjurer ces périls, en encourageant le mariage, par l'établissement de déchéances comme peines du célibat et des unions stériles. Ce fut le but de deux plébiscites célèbres sous le nom de lois *caducaires*, la loi Julia, *de maritandis ordinibus* (an 757 de R.) et la loi Papia Poppæa (an 762). Ces lois contenaient un chapitre spécial sur les libéralités que les époux pouvaient se faire par acte de dernière volonté. Quelques détails sont ici nécessaires.

D'après les lois caducaires, *les cœlibes* étaient incapables de profiter d'aucune libéralité testamentaire. Quant aux *orbi*, on leur permettait de recueillir la moitié de tout ce qui leur était laissé par un testateur autre que leurs conjoints (1). Mais à l'égard de ces derniers leur capacité était limitée d'une manière notable (2). S'agissait-il d'un époux sans enfant (*orbus*), on lui concédait uniquement le droit de prendre le dixième en pleine propriété des biens que lui attribuait le testament de l'autre époux, et en outre le tiers en usufruit du surplus des biens qui lui avaient été légués.

(1) Gaius, II, § 286.
(2) Ulp. reg. XV, de decimis.

S'agissait-il d'un époux ayant des enfants vivants d'un précédent mariage, ou ayant eu de l'union actuelle un ou deux enfants morts *post nominum diem*, on augmentait d'un dixième la part qu'il aurait prise s'il eût été complétement sans postérité, et en plus on y ajoutait le tiers de ce qui restait après le prélèvement des dixièmes.

Enfin s'agissait-il d'époux qui avaient contracté mariage contrairement aux prescriptions des lois caducaires, par exemple d'un homme d'une condition honorable qui avait épousé une femme notée d'infamie, ou d'un sénateur qui s'était uni à une affranchie, l'incapacité était absolue. Dans ces deux circonstances les époux ne pouvaient rien recevoir l'un de l'autre à titre gratuit.

Telles étaient les mesures restrictives qu'Auguste avait introduites dans la législation au sujet des libéralités entre mari et femme. Mais ces mesures comportaient de nombreuses exceptions. Souvent les époux avaient ce qu'on appelait la *solidi capacitas*, la *libera testamenti factio*, c'est-à-dire qu'ils n'étaient soumis à aucune limitation quant au droit de se donner par testament. C'est ce qui arrivait dans les douze cas suivants, que les textes prennent soin d'énumérer :

1° Quand l'époux donataire survivant restait avec neuf enfants d'un premier lit ;

2° Quand il restait avec un enfant commun;

3° Quand il avait perdu deux enfants communs âgés de trois ans au moins (*duos trimos*);

4° Quand il avait perdu trois enfants communs morts *post nominum diem;*

5° Quand il avait perdu un enfant commun mort pubère;

6° Quand il avait perdu un enfant commun mort impubère, mais dans les dix-huit mois qui avaient précédé la dissolution du mariage;

7° Quand il naissait un enfant à la femme dans les dix mois de son mariage;

8° Quand, sans qu'il y eût d'enfants, l'*orbitas* avait pour cause l'absence du mari pour le service public;

9° Quand les conjoints étaient cognats jusqu'au sixième degré;

10° Quand ils n'avaient pas atteint l'âge à partir duquel la loi exigeait des enfants (vingt-cinq ans pour le mari, vingt ans pour la femme);

11° Quand ils avaient dépassé l'âge après lequel la génération était regardée comme impossible (soixante ans pour les hommes, cinquante pour les femmes);

12° Quand le prince ou le sénat leur avait concédé le *jus liberorum.*

Les lois caducaires ne subsistèrent pas jusqu'à la fin de l'empire d'Occident. Constantin supprima les peines du célibat comme contraires aux principes de la religion chrétienne. Quant à celles de l'*orbitas*, il les maintint uniquement en ce qui concernait les libéralités entre époux, par la raison qu'entre époux la captation était plus facile. Théodose le Grand en affranchit les décurions, et bientôt après Honorius et Théodose le Jeune en décrétèrent l'abolition complète. Toutefois, on trouve encore à cet égard, dans le Digeste, quelques traces de l'ancien droit.

§ 2. — Donations *mortis causa*.

La jurisprudence romaine, qui permettait entre époux les institutions d'héritier, les legs et les fidéicommis, n'interdisait pas davantage les donations à cause de mort. La révocabilité, condition essentielle de ces donations, garantissait qu'elles seraient presque toujours l'œuvre d'une volonté libre et réfléchie. Du reste, comme les testaments, elles ne devaient recevoir leur exécution qu'à un moment où tout lien serait rompu entre le donateur et le donataire. C'est pour ce motif qu'on les avait d'abord autorisées sans restriction. Mais plus tard, elles furent limitées par les lois Julia et Papia Poppæa. Assimilées aux libéralités testamentaires, quand il s'était agi de les valider, il était naturel de compléter l'assimilation en les restreignant en même temps et de la même manière.

Sous le titre de donations à cause de mort, on comprenait d'ordinaire, chez les Romains, deux espèces de donations que, sous l'empire des idées actuelles, nous nommerions donations à cause de mort sous condition résolutoire, et donations à cause de mort sous condition suspensive. Mais nous ne rendrions pas exactement la pensée des jurisconsultes romains. Ils ne considéraient pas les donations du premier genre comme des donations véritablement conditionnelles, mais au contraire comme des libéralités pures et simples, conditionnellement résolubles. En conséquence, la propriété était transférée *hic et nunc* au donataire à la suite d'une tradition, d'une mancipation ou d'une cession *in jure*. Seulement, si le donateur changeait d'avis ou survivait, une action personnelle dans le droit primitif, réelle au temps d'Ulpien, bien qu'il y eût encore quelques controverses sur ce point, lui appartenait pour reprendre les objets qu'il avait donnés. Il en était autrement à l'égard des donations de la seconde espèce, c'est-à-dire lorsque d'après la volonté des parties la donation ne devait pas à l'instant produire ses effets. Le donateur restait propriétaire jusqu'à son décès et ne se dépouillait au moment de la donation que de la possession, afin que la condition s'accomplissant, la translation de propriété pût s'opérer sans retard.

Ces principes une fois posés, il faut se demander si toutes les donations à cause de mort pouvaient avoir lieu entre époux, ou bien si parmi elles il n'y avait de valables que celles dont l'effet était suspendu tant que durait le mariage. Ulpien dit d'une manière formelle qu'il ne fallait faire aucune distinction : « Non « solum ea donatio valet, quæ hoc animo fit, « ut tunc res fiat uxoris vel mariti cùm mors « insequatur, sed omnis mortis causa dona- « tio » (1). C'était pourtant, nous le savons, un principe général en droit romain, que l'impossibilité absolue pour chaque époux, d'acquérir quoi que ce fût de son conjoint à titre gratuit *constante matrimonio*.

Il semble, au premier abord, qu'il y ait là une véritable antinomie. Nous pensons cependant qu'il n'en est rien et qu'on peut concilier les textes divers relatifs à cette question.

Ce qui est hors de contestation, c'est que jamais l'époux donataire ne devenait immédiatement propriétaire par suite de la donation à cause de mort que lui faisait son conjoint. Au jour du décès de ce dernier seulement, la trans-

---

(1) L. 11, § 1, Ulp.

mission de propriété s'effectuait. Mais les conséquences de cette transmission variaient suivant la volonté du disposant. Avait-il entendu consentir une libéralité complétement conditionnelle, alors on n'admettait aucune rétroactivité, et les choses données étaient considérées comme n'ayant changé de maître qu'à l'instant où s'était accomplie la condition. Au contraire, si les époux avaient voulu faire une donation pure et simple conditionnellement résoluble, on donnait un effet rétroactif à cette donation, lorsque la condition résolutoire ne se réalisait pas. Tout se réglait alors, comme si le donateur s'était dépouillé dès le moment où il avait fait sa disposition : « Morte secuta reducebatur donatio ad id tempus quo interposita fuerat » (1). Les donations à cause de mort avaient ainsi quelquefois un effet rétroactif, mais elles n'avaient jamais pour résultat de faire passer *ab initio* un objet quelconque du patrimoine de l'un des conjoints dans le patrimoine de l'autre, de sorte qu'elles pouvaient être permises entre époux sans contrarier les principes fondamentaux qui régissaient cette matière. Toutes les fois qu'on pouvait reconnaître quels effets le donateur s'était proposé d'attribuer à sa libéralité, on n'avait évidemment qu'à se confor-

(1) L. 40, de mort. causa donat., Papin.

mer à ses intentions, soit qu'il les eût formellement exprimées, soit qu'elles résultassent des circonstances. Mais s'il s'était servi de termes ambigus et obscurs, et si sa volonté était incertaine, que devait-on présumer? Fallait-il ou ne fallait-il pas faire rétroagir la donation? Nous pensons que dans le doute, on supposait la rétroactivité, comme ayant été dans la pensée des parties, à moins que cette rétroactivité ne dût être nuisible à l'époux donataire(1): ce qui arrivait par exemple quand il était en puissance paternelle au jour de contrat et *sui juris* lors de la mort de son conjoint, ou bien quand il avait interposé, pour recevoir les objets donnés, une personne *fils de famille* à la première époque, et *père de famille* à la seconde.

§ 2. — Donations *divortii causa.*

Le divorce par consentement mutuel, *bona gratia*, était admis à Rome. Il avait lieu tantôt parce que l'un des époux voulait être admis à certains sacerdoces incompatibles avec le mariage (*propter sacerdotium*), tantôt parce que la femme était stérile, ou que le mari embrassait l'état militaire (*propter sterilitatem aut militiam*). La vieillesse et les maladies amenaient

(2) L. II, § 2, Ulp.

aussi fréquemment la dissolution du mariage. Dans tous ces cas, l'époux qui demandait le divorce pouvait faire une donation au conjoint qu'il abandonnait. Il était juste, en effet, que se séparant de lui, sans pourtant lui reprocher ni de mauvais traitements, ni une conduite coupable, il eût le droit de lui accorder des compensations et de lui assurer des moyens d'existence. La loi exigeait pour la validité des libéralités *divortii causa*, qu'elles fussent consenties à une date peu éloignée du divorce, et non pas dans la prévision lointaine d'un divorce possible (*sub ipso divortii tempore, non ex cogitatione quandoque futuri divortii*). Elles se trouvaient caduques, si l'époux donateur venait à mourir avant le divorce, c'est-à-dire avant l'accomplissement de la condition sous laquelle elles avaient été faites.

§ 4. — Donations *exilii causa*.

La déportation, chez les Romains, avait pour effet d'enlever au déporté la qualité de citoyen et de l'assimiler au *pérégrin*, et le rendait ainsi incapable de contracter à l'avenir un mariage légitime ; mais elle laissait subsister celui dans les liens duquel il était engagé au moment de la condamnation. Elle n'était qu'une simple cause de divorce, et la loi se montrait même favorable à l'époux qui ne demandait pas à divorcer. On validait les dispositions à titre gratuit que voulait lui faire son conjoint reconnaissant. Les libéralités de ce genre (*exilii causa*) étaient avec raison considérées comme la juste récompense du dévouement conjugal (*pudicitiæ præmium*). La confiscation des biens du condamné ne formait pas obstacle à la validité de ces libéralités.

§ 5. — Donations qui n'appauvrissaient pas le donateur.

Nous avons déjà dit que la jurisprudence romaine, en ôtant aux époux la faculté de se faire des libéralités entre vifs, avait eu principalement pour but de les mettre à l'abri des spoliations auxquelles ils auraient été exposés par les entraînements de la passion ou le désir de la concorde. Ce danger n'existait pas quand il s'agissait de donations qui s'effectuaient sans appauvrir le donateur. Peut-être pourtant avait-on trop étendu cette exception, en l'appliquant au cas où le donataire manquait l'occasion de s'enrichir, *cum nihil de bonis erogabatur donatio valebat* (1). Par exemple, quand un mari était institué héritier, et qu'en faveur de sa femme il répudiait l'hérédité à laquelle

(1) L. v, § 16, Ulp.

elle était appelée, soit comme instituée conjointement avec lui, soit comme substituée ou héritière ab intestat, cette répudiation produisait ses effets; car, d'après le droit romain, l'héritier institué qui n'était ni *héritier sien* ni héritier nécessaire, *n'acquérait l'hérédité* que par l'*adition*, c'est-à-dire par une déclaration formelle ou par un acte d'héritier, *nuda voluntate aut pro herede gerendo*. Jusque-là les biens de la succession ne lui appartenaient pas, et, s'il n'acceptait pas, il n'était pas regardé comme aliénant une chose acquise, puisqu'en réalité il se bornait à refuser d'acquérir ce dont il n'avait jamais été propriétaire.

La décision était la même, à plus forte raison, quand un époux ne renonçait pas à une hérédité déjà ouverte, mais déclarait simplement ne pas vouloir profiter d'une institution dont il devait être l'objet, et priait le testateur d'en reporter le bénéfice sur son conjoint.

Ce qui était vrai quand la répudiation portait sur une succession ou une promesse de succession, l'était aussi quand elle portait sur un legs ou une promesse de legs. La règle changeait au contraire quand il s'agissait d'une promesse de donation entre vifs. Les jurisconsultes romains pensaient que dans ce dernier cas l'époux, renonçant à des droits qui lui eussent été définitivement acquis, devait être considéré comme ayant lui-même transmis à son conjoint les choses données, après les avoir reçues du tiers donateur : « Perinde habendum est atque « si ego acceptam rem et meam factam uxori « meæ dedissem » (1).

Les textes nous fournissent d'autres espèces de libéralités licites entre époux, parce qu'elles n'appauvrissaient pas celui qui les consentait. Ainsi, lorsqu'un mari était prié par fidéicommis de restituer à sa femme une hérédité, après en avoir prélevé une certaine portion (*præcepta certa quantitate*), s'il la restituait en totalité, cette restitution était inattaquable. Car, d'après Celsus, un pareil acte constituait moins une donation que l'accomplissement exagéré d'une obligation de conscience (*magis pleniore officio fidei præstandæ functum maritum quam donasse videri*). Souvent en agissant de cette manière on ne faisait que se conformer à un désir du défunt qu'on connaissait sans qu'il l'eût exprimé (*sæpe aliquid defunctum voluisse et tamen non rogasse*).

Les mêmes raisons s'appliquaient encore avec plus de force dans le cas où le testament ne permettait au fiduciaire aucune retenue sur les biens héréditaires, de sorte qu'il ne pouvait en faire une qu'en s'appuyant sur le sénatus-con-

(1) L. 3, 13.

sulte Pégasien. Le fait de ne pas invoquer le sénatus-consulte n'était que la stricte observation des volontés du testateur, et par suite ne devait pas être considéré comme une véritable disposition à titre gratuit.

Il nous reste enfin à examiner ce qu'on décidait quand un époux donnait à son conjoint la chose d'autrui. Nous voyons par la loi 25, *de donat. inter vir. et uxor.*, que l'usucapion commençait immédiatement pour le donataire (*confestim ad usucapionem uxorem admitti*). Il en résulte que la donation était valable ; mais elle l'était par ce seul motif qu'elle laissait intact le patrimoine du donateur, d'où l'on doit conclure que si, par exception, elle avait pour effet de l'amoindrir, elle cessait par là même d'échapper à la prohibition, comme l'indique Pomponius dans la loi 3, *pro donato, si pauperior fieret, is qui donavit*. Des difficultés ne nous paraissent s'élever que sur la question de savoir en quelles circonstances il y avait appauvrissement dans le sens de la loi. Or, Savigny pense que le donateur était traité comme s'appauvrissant toutes les fois qu'il se trouvait capable d'usucaper la chose dont il se dépouillait. D'autres interprètes du droit romain sont d'avis qu'il fallait en outre qu'il eût reçu cette chose à titre onéreux. Alors seulement on pouvait dire de lui : *pauperior in suis rebus factus est*.

§ 5. — Donations qui n'enrichissaient pas le donataire.

Les libéralités sont en général vivement recherchées, parce qu'elles sont un moyen facile de s'enrichir. Dès qu'il ne doit pas en résulter un accroissement de fortune, on en est moins avide ; on n'a pas recours à la violence et à la captation pour les obtenir. Aussi était-ce avec raison qu'on n'avait pas cru nécessaire d'interdire entre époux les donations qui n'enrichissaient pas le donataire. Nous allons passer en revue les libéralités que la jurisprudence romaine rangeait dans cette classe.

Dans le paganisme comme dans la religion chrétienne, le sol qui avait servi à recueillir les cendres ou le corps d'un mort prenait un caractère religieux : il cessait d'être une propriété privée, et la famille de la personne inhumée acquérait sur lui le seul droit de le protéger contre les usurpations des tiers. On comprend donc pourquoi était possible entre époux la donation *sepulturæ causa*, c'est-à-dire pourquoi un époux donnait valablement à son conjoint un terrain destiné à être un lieu de sépulture. Le terrain ainsi donné cessait d'appartenir à l'époux donateur, seulement du jour où quelqu'un y était enterré, et alors il devenait *res nullius*, de sorte qu'à aucun moment la donation n'avait rendu propriétaire ni même enrichi l'époux donataire; car ce n'était pas s'enrichir qu'acquérir une chose religieuse : « Non videtur locupletior fieri in ea « re quam religioni dicavit. » Vainement objectait-on que si la donation n'avait pas eu lieu, l'achat d'un terrain semblable au terrain donné eût été nécessaire, et que par suite, en réalité, il y avait eu enrichissement jusqu'à concurrence de la somme non employée à cet achat. Les jurisconsultes romains répondaient, subtilement il est vrai, que ne pas s'appauvrir en évitant une dépense, ce n'était pas accroître son patrimoine : « Non idcirco fit lo« cupletior quod non expendit (1). »

Les principes que nous venons de développer n'étaient pas admis dans toutes les matières du droit civil. On rencontre une règle absolument contraire de Marcien, au titre *de solutionibus : Hoc ipso quod non est pauperior factus locupletior est* (2). Ce fragment prévoit le cas où un pupille a reçu un payement sans l'*auctoritas* de son tuteur, et s'est servi de la somme payée pour acheter une chose dont il avait un besoin indispensable. Marcien décide que quand même

(1) L. 5, 8, Ulp.
(2) L. 47, de solut., Marcien.

la chose viendrait à périr, le pupille ne pourrait pas se faire payer une seconde fois; s'il intentait son action, on la repoussait par *l'exception de dol*, puique le payement effectué entre ses mains l'avait empêché de s'appauvrir, et par conséquent avait eu pour effet de l'enrichir. Si l'on ne raisonnait pas de même quand il s'agissait de donations entre époux, c'était sans doute qu'on tenait compte de la qualité des personnes intéressées dans la question à résoudre, et qu'on aimait mieux être un peu subtil que trop rigoureux à leur égard : « Non amare tractandum erat jus prohibitæ « donationis. »

L'on comprenait sous le titre de donations *ad oblationem Dei* les donations qui avaient pour objet des choses dont la destination était d'être consacrées aux dieux, par exemple, un terrain sur lequel le donataire devait élever un temple, ou bien des vases, des vêtements, des ornements quelconques, propres au culte divin. De telles donations n'enrichissaient pas ceux qui les recevaient : elles étaient donc licites entre époux. Les choses sacrées, comme les choses religieuses, ne pouvaient être comptées dans le patrimoine d'un particulier, parce qu'elles n'étaient pas dans le commerce.

Les honneurs et les fonctions publiques n'étaient pas considérés à Rome comme faisant partie de la fortune des citoyens. C'est pour ce motif qu'on permettait aux époux de se donner les sommes nécessaires pour y arriver (donations *honoris causa*). La femme pouvait par ses libéralités mettre son mari à même de solliciter le *laticlave*, d'offrir des jeux au peuple, d'entrer dans l'ordre équestre, en un mot de parvenir à une dignité quelle qu'elle fût. Le mari, de son côté, avait aussi le droit de disposer à titre gratuit au profit de sa femme, afin qu'elle pût aider ses proches à obtenir dans l'État la position à laquelle ils aspiraient. Sans doute on avait trouvé que les intérêts des deux époux étaient dans le mariage tellement confondus, tellement indivisibles, que l'élévation de l'un servait à l'élévation de l'autre, et autorisait de sa part quelques sacrifices pécuniaires.

La situation des affranchis vis-à-vis de leurs patrons explique pourquoi un époux pouvait donner un esclave à son conjoint, sous la condition de l'affranchir, *manumissionis causa*. Comment aurait-on regardé une pareille donation comme enrichissant celui qui la recevait? Par la *manumission*, l'esclave cessait d'être parmi les choses de l'affranchissant. Ce dernier retirait bien divers avantages de son patronage; mais ces avantages, ou n'étaient point appréciables, comme les prérogatives honorifiques (*obsequia*) et les droits éventuels de succession, ou ne résultaient pas directement de l'affranchissement, ainsi que cela avait lieu pour les services (*operæ*) dus au patron, quand l'affranchi les avait promis formellement sous la foi du serment.

Lorsque l'affranchissement se faisait moyennant une somme d'argent, il fallait distinguer. Cette somme restait la propriété de l'époux donateur quand elle était prise sur le pécule de l'esclave : elle appartenait à l'époux donataire quand elle était fournie par un tiers.

Il n'importait pas, du reste, pour la validité de la donation *manumissionis causa*, que l'esclave dût être affranchi immédiatement ou après un certain temps (*statim aut post certum tempus*). Seulement, s'il y avait un terme stipulé, cet esclave continuait à appartenir à son ancien maître, tant que le terme n'était pas arrivé. Jusque-là le donataire ne pouvait pas commencer les formalités de l'affranchissement, car c'eût été conférer la liberté à l'esclave d'autrui.

Quelquefois la donation portait que l'affranchissement se ferait dans l'année, *intra annum*. Ce délai était de rigueur. L'époux donataire qui le laissait expirer perdait le droit de réaliser plus tard un affranchissement valable. Mais on se demandait si on ne devait pas, par application d'une constitution de Marc-Aurèle, déclarer libre *ipso jure* l'esclave donné *manumissionis causa* et non affranchi par le donataire. Les jurisconsultes résolvaient négativement cette question. Ils remarquaient, en effet, avec raison que le donateur demeurait propriétaire de l'esclave, et n'avait pas entendu s'imposer à lui-même, mais seulement imposer à son conjoint l'obligation de l'affranchir.

Toute donation *manumissionis causa* que se faisaient les époux renfermait une condition tacite, à savoir que l'affranchissement serait antérieur à la dissolution du mariage. Si donc le contraire arrivait, parce que l'un des époux venait à mourir ou ce divorce à être prononcé, la donation était caduque. Il est d'ailleurs évident qu'une donation de ce genre était nulle quand l'esclave donné appartenait à la classe des esclaves incapables de sortir jamais de servitude.

La prohibition des donations entre époux ne s'appliquait pas toutes les fois que le donateur voulait par sa libéralité plutôt réparer une perte éprouvée par le donataire que procurer à ce donataire un véritable gain (donations *quæ in sarciendo damno magis quam in lucro quærendo consistunt*) (1). C'est ainsi que la femme dont la maison avait été incendiée recevait valablement de son mari l'argent né-

(1) L. 14. Paul.

cessaire pour la reconstruire, *quantum ædificii extinctio postulabat.*

§ 7. — Donations de fruits, d'intérêts, d'usage et d'habitation.

La jurisprudence romaine, qui se proposait uniquement d'empêcher la ruine des époux, eût dépassé son but en leur interdisant les donations d'intérêts, de fruits, de droits d'usage ou d'habitation, donations en général de peu d'importance. Par exemple, l'un des époux payait-il à son conjoint avant l'échéance la dette à terme dont il était tenu envers lui, il y avait dans cet acte une libéralité, mais une libéralité permise (1). On décidait de même si au lieu d'un payement anticipé, il s'agissait d'une remise d'intérêts, d'une renonciation à un gage ou à une hypothèque, d'une concession de droits d'usage ou d'habitation, d'un de ces présents qu'il était de coutume de faire aux calendes de mars ou aux anniversaires de naissance ; en un mot, d'une disposition à titre gratuit qui n'entamait pas le capital du disposant et portait seulement sur ses revenus.

Toutefois, nous avons à signaler une excep-

(1) L. 31, 6, Pomponius.

tion relative aux choses dotales qu'il était interdit de restituer avant la dissolution du mariage, sauf dans quelques cas spéciaux (1). Cette prohibition n'est pas fondée sur la même raison que la prohibition des donations ordinaires entre époux ; car, ainsi que le remarque M. Pellat, la dot ne faisait pas partie de ce patrimoine propre au mari, qu'on voulait protéger. Elle n'était dans les biens du mari que pour une destination temporaire et devait, en définitive, revenir à la femme. A ce point de vue donc, la restitution prématurée de la dot eût dû être considérée et validée comme le payement anticipé d'une dette non échue; mais pour des motifs particuliers, on avait cru devoir s'écarter des principes généraux. Comme la dissolution du mariage était toujours imminente par suite de la fréquence du divorce, la loi, pour faciliter à la femme une nouvelle union, garantissait, par tous les moyens possibles, la conservation de la dot, et ne permettait pas qu'elle lui fût rendue trop légèrement, peut-être pour satisfaire des besoins frivoles et fournir à des dépenses inutiles.

Le mari, qui pendant le mariage ne pouvait restituer à sa femme les biens dotaux qu'il avait reçus d'elle, ne pouvait pas davantage

---

(1) L. 21, 1.

lui en abandonner la jouissance, ni renoncer aux intérêts de la dot dans le cas où elle avait été simplement promise. C'est qu'en effet la dot, par sa nature, était destinée à subvenir aux charges du mariage. Or, comme ces charges ne cessaient qu'avec lui, on trouvait juste et prudent de défendre les actes dont la conséquence eût été d'enlever au mari les moyens d'y faire face. Quand l'abandon des fruits ou des intérêts de la dot avait lieu sous la condition que la femme pourvoirait par elle-même à son entretien et à celui des siens, rien ne s'opposait plus à ce qu'on le validât. Les avantages perdus se trouvaient compensés pour le mari par les obligations éteintes.

§ 8. — Donations mixtes.

Il était possible que la donation renfermât un acte onéreux ou bien fût faite à un tiers en même temps qu'au conjoint (*aliarum extrinsecus rerum personarumve commixta*) (1). Dans ce cas, le juge ne devait appliquer la prohibition qu'après avoir distingué ce qui était gratuit de ce qui était onéreux, ou bien ce qui revenait soit au conjoint, soit au tiers (*si*

(1) L. 5, 2 et 5.

separari possit cætera valere, id quod donatum sit non valere). Si la distinction ne pouvait s'accomplir, on validait tout, même la libéralité, *nec donationem impediri*. Par exemple, un mari constituait-il gratuitement sur son fonds une servitude d'*actus* ou de *via* au profit d'un fonds voisin appartenant par indivis à sa femme et à un autre personne, comme les servitudes, par leur nature, étaient indivisibles, c'est-à-dire n'étaient jamais attachées à la partie indivise d'un fonds, il fallait nécessairement ou annuler en totalité la constitution de la servitude, ou la maintenir sans distinction. C'est à ce dernier parti qu'on avait mieux aimé s'arrêter.

CHAPITRE III.

DES EFFETS DE LA PROHIBITION.

« Sciendum est, dit Ulpien, ita interdictam « inter virum et uxorem donationem, ut ipso « jure nihil valeat quod actum est. Proinde si « corpus sit quod donatur, nec traditio quid-« quam valet Et si stipulanti promissum est « vel accepto latum nihil valet. Ipso enim jure, « quæ inter virum et uxorem donationis causa « geruntur, nullius momenti sunt » (1).

(1) L. 3, 10, Ulp.

Ainsi, la nullité des donations entre époux était une nullité radicale et avait lieu de plein droit, sans qu'on eût à distinguer s'il s'agissait d'une tradition, d'une promesse sur stipulation, ou d'une *acceptilation*. Les jurisconsultes regardaient tous ces actes comme non avenus, et, en principe, ne leur accordaient aucun effet. C'est ce qui nous apparaîtra plus clairement après l'étude spéciale et détaillée à laquelle nous allons nous livrer sur chaque mode de libéralité.

§ 1er. — Donations directes.

1° *Donations par tradition.*

L'époux qui, *donationis causa*, faisait une tradition à son conjoint conservait la propriété des objets qu'il livrait, et par suite continuait d'acquérir tout ce qui venait s'y réunir accessoirement, *quidquid his rebus accedebat*. La tradition ne transférait au donataire que la possession naturelle, possession sans titre (*absque titulo*), impuissante pour conduire à l'usucapion, utile uniquement en ce qu'elle conférait le droit à l'interdit *unde vi*. On l'appelait possession *pro possessore*, parce que le possesseur ne pouvait la justifier qu'en disant : *possideo quia possideo*. Toutefois, elle se transformait en possession civile *ad usucapionem*, si le divorce était prononcé et si le donateur ratifiait tacitement ou expressément sa libéralité. Cette ratification était indispensable afin de constituer, pour ainsi dire, une nouvelle donation; car s'il avait suffi que les époux divorçassent, il s'en serait suivi qu'un possesseur aurait pu, par son propre fait, changer la cause de sa possession, *potuisset causam possessionis sibi ipsi mutare.* Lorsque la dissolution du mariage résultait de la mort du disposant, l'usucapion commençait à dater de cette dissolution; c'est qu'en effet le vice de la tradition se trouvait dès lors purgé, *quod fuerat vitium amovebatur*.

Voyons maintenant quelles actions compétaient à l'époux donateur. Il avait la revendication toutes les fois que les choses données existaient encore en nature. Mais, s'il l'aimait mieux, il pouvait se borner à en réclamer la valeur; seulement on lui interdisait de la fixer par serment (*jurare in litem*). C'était au juge à en faire l'estimation. « Debet ei sufficere, dit « Pothier, si justum pretium recipiat; de se « queri debet quod ipsi causam possidendi « uxori præstiterit cum ei donavit (1). » La loi l'astreignait à fournir une *caution au simple* comme garantie des évictions à venir.

(1) L. 36, pr., Paul.

La revendication cessait d'être possible lorsque les choses données venaient à périr ou à être consommées (*peribant vel consummatæ erant*). Ce n'était que l'application du principe général : *res extinctæ vindicari non possunt*. Mais la revendication faisant défaut, une autre action la remplaçait-elle? Si la donation n'avait nullement enrichi le donataire, toute action était refusée au donateur qui, resté propriétaire, supportait seul la perte des choses données, sauf, bien entendu, quand il y avait dol de la part du donataire, car, alors, on lui concédait les actions *ad exhibendum* et *damni injuriæ*. Dans le cas contraire, c'est-à-dire si le donataire s'était enrichi, la *condictio sine causa dati* s'exerçait valablement (1), mais au moyen de cette action personnelle le donateur n'arrivait que comme un simple créancier; aussi venait-on à son secours dans quelques espèces particulières (2), par exemple, si son conjoint se trouvait insolvable, on lui délivrait une action utile *in rem*, à l'effet de revendiquer les meubles ou immeubles contre lesquels avaient été échangés les objets primitifs de la donation. Lorsque la chose reçue avait perdu sa première forme et était devenue ce que les Romains nommaient

---

(1) L. 5, 18 ; L. 6.
(2) L. 29 ; L. 30.

nova species, rigoureusement la *condictio* aurait dû être la seule action du donateur, et c'était même l'opinion de Labéon et de Pomponius; mais au temps de Gaïus le droit prétorien s'était relâché de cette rigueur et accordait une action utile *in rem*, comme dans l'espèce précédente.

Nous ne devons pas passer sous silence une divergence importante qui existait entre les jurisconsultes dans le cas où un époux avait employé à construire ou réparer un bâtiment, des matériaux que son conjoint lui avait livrés *donationis causa* (1). Nératius pensait qu'en cette circonstance le donateur pouvait faire détacher ces matériaux par l'action *ad exhibendum*, puis les revendiquer malgré le grand principe des Douze Tables: *tignum junctum ædibus non solvito*. Les décemvirs, en effet, disait-il, ne s'étaient pas préoccupés des cas où la construction serait faite du consentement du propriétaire des matériaux: « Decemviros non est credibile de his « sensisse quorum voluntate res eorum in alie- « num ædificium conjunctæ essent. » Paul rejetait cette décision; il reconnaissait pourtant que le législateur n'avait pas prévu la question dont il s'agissait, mais il croyait ne pouvoir en tirer qu'une conséquence, à savoir qu'il n'y

(1) L. 63.

avait pas lieu à l'action *de tigno juncto. Non furtivum quod sciente domino inclusum est.* D'autre part, il soutenait que la revendication était impossible, car, selon lui, puisqu'on la refusait au propriétaire dépouillé, on devait *a fortiori* la refuser à celui qui avait connu et tacitement autorisé l'emploi fait des matériaux. La seule action dont l'exercice eût été immédiatement permis, était celle qui n'aurait occasionné aucun dommage au reste du bâtiment du donataire, ainsi que cela résulte du texte où Marcellus nous enseigne que le sénatusconsulte rendu sous Adrien pour prohiber la démolition des édifices, *negotiationis causa*, ne s'appliquait pas à l'espèce qui nous occupe : « Etenim virum « detrahere sine mulieris damno et citra me- « tum senatusconsulti quod detrahentibus ne- « gotiationis causa occurrit (1). »

Revenons au cas où le donateur n'avait qu'une action, la *condictio sine causa dati.* Nous avons dit qu'elle lui compétait jusqu'à concurrence de l'enrichissement du donataire : *quatenus locupletior factus erat, is cui donatum erat.* En effet, ce qu'une personne retenait en vertu d'une donation illicite, devait être réputé retenu *sine causa* ou *ex injusta causa*, et

---

(1) L. 45.

la règle était qu'alors la *condictio* pût être exercée par le donataire qui toutefois ne pouvait n'en reprendre au-delà de ce qu'il avait donné : *summa tantum erat restituenda*. Car ce qu'on prohibait entre époux, ce n'était pas d'une manière absolue l'enrichissement de l'un, c'était son enrichissement aux dépens de l'autre. Dans l'ancien droit, lorsque le donateur était le mari, un privilége lui appartenait. Quand après la dissolution du mariage on lui réclamait la dot, il pouvait la conserver en gage jusqu'à ce qu'on lui eût rendu les dons qu'il avait faits à sa femme : *retentiones ex dote fiunt propter res donatas*. Justinien abolit ce droit de rétention.

Mais quand disait-on que la donation avait enrichi le donataire ? Pour qu'on pût le dire, il n'était pas nécessaire que ce dernier fût solvable ; il suffisait qu'il eût dans son patrimoine des choses qui, sans la donation, ne s'y trouveraient pas. *Non enim quærebatur quid deducto œre alieno liberum habeat sed quid ex re conjugis possideat*. L'on ne tenait d'ailleurs nul compte des intérêts et des fruits industriels. C'est qu'en effet, d'une part, le capital donné n'étant devenu productif d'intérêt que par le fait du donataire et par suite de l'engagement pris par un tiers, ces intérêts ne devaient pas être considérés comme des objets provenant de l'époux donateur ; et que d'autre part, les fruits industriels étaient la juste récompense de travaux sans lesquels ils n'auraient pas été obtenus. Ajoutons que si le donataire était la femme, et si rien n'indiquait l'origine d'un bien qui se trouvait dans son patrimoine, on présumait que ce bien lui était venu de son mari : *Turpis quæstus evitandi gratia circa uxorem.*

Lorsqu'une chose avait été achetée par le donataire partie avec l'argent qui lui appartenait, partie avec l'argent compris dans la donation, et que cette chose diminuait de valeur, les deux conjoints supportaient la perte, chacun en proportion de ce qu'il avait fourni pour le prix d'achat. Les risques, au contraire, quand la somme donnée servait à payer une acquisition antérieure, étaient en entier pour le seul donataire qui retirait, quoi qu'il arrivât, un bénéfice certain de la donation, celui d'être libéré de ses obligations d'acheteur. Enfin, si deux objets distincts avaient été acquis des deniers du donateur, et si l'un d'eux ayant péri, l'autre valait à lui seul ce qu'ensemble ils avaient coûté, la décision variait suivant que la vente avait eu lieu pour un prix unique ou pour des prix séparés (*uno pretio vel diversis*). Dans l'hypothèse d'un prix unique, tout se passait comme s'il n'y eût eu dans la vente qu'un seul objet, et que cet objet se fût plus tard détérioré, c'est-à-dire que le donateur n'était nullement obligé de réduire sa demande : *Tota petenda quemadmodum si una res empta, deterior facta esset, vel grex, vel carruca et aliqua pars inde periisset* (1). A l'inverse, dans l'hypothèse de prix séparés, l'on obtenait, par la *condictio*, seulement ce qu'avait coûté l'objet existant encore, et aucune réclamation ne pouvait être élevée au sujet de l'objet qui avait péri.

Après avoir énuméré les circonstances où les jurisconsultes romains considéraient le donataire comme s'étant enrichi, examinons maintenant si l'on se plaçait pour apprécier ce fait à l'époque de la *litis contestatio* ou à celle de la sentence (*litis contestatæ vel rei judicatæ*) (2). On comprend tout l'intérêt de cette question. Sous le régime des actions de la loi, la *litis contestatio* avait lieu au moment où les plaideurs, devant le magistrat, prenaient quelques-uns des citoyens présents à témoin de l'accomplissement des rites et formalités juridiques. Plus tard, sous le système formulaire, elle datait de la délivrance de la formule. Enfin, au temps de la procédure extraordinaire, la *litis contestatio* était marquée par le début de l'instance. Par conséquent, dans toutes les phases de

---

(1) L. 28, 4.
(2) L. 7, pr.

la législation romaine, un long délai pouvait la séparer du jugement; et l'époux enrichi à sa date, souvent ne l'était plus quand le juge prononcait sur l'affaire. Les empereurs Septime Sévère et Antonin Caracalla, décidèrent par un de leurs rescrits qu'on devrait, pour l'appréciation de l'enrichissement, se reporter à la *litis contestatio*.

Une dernière observation nous reste à présenter.

Lorsque les époux s'étaient fait mutuellement des donations prohibées, d'après une constitution d'Adrien, il y avait compensation de ces donations jusqu'à concurrence de la moins considérable, et l'on n'admettait la répétition que pour l'excédant. Cette compensation s'opérait par voie d'exception de dol, et n'était pas empêchée par ce fait que l'un des donateurs avait dissipé les objets qu'on lui avait donnés, tandis que son conjoint s'était enrichi de ceux qu'il avait reçus. Les libéralités permises ne se compensaient pas avec les libéralités illicites. Par exemple, un mari pouvait se faire restituer la somme par lui donnée à sa femme durant le mariage, sans déduire de cette somme celle à laquelle il avait droit en qualité de légataire.

2° *Donations par promesse sur stipulation et par acceptilation.*

La sanction de la prohibition des donations par promesse sur stipulation était la nullité de ces actes. L'époux promettant n'était pas obligé et, si on l'actionnait, n'avait pas besoin d'exception pour se défendre. La même sanction s'appliquait aux donations par acceptilation. L'époux débiteur n'était pas libéré et restait assujetti à l'ancienne action de son créancier. Ses *correi*, eux aussi, demeuraient tenus comme par le passé. Toutefois, s'il arrivait que la remise de la dette fût faite à l'un d'eux, on ne l'annulait pas à leur égard. Mais y avait-il libération *ipso jure*, ou seulement *exceptionis ope*, c'est-à-dire l'acceptilation valait-elle comme une véritable acceptilation ou comme un simple pacte *de non petendo ?*

D'après les principes généraux, une véritable acceptilation était indivisible quant à ses effets et libérait sans distinction tous les obligés. Il n'y avait que le pacte qui produisît des effets personnels et entraînât l'extinction relative de l'obligation. Voët et plusieurs interprètes du Digeste ne trouvent pas la loi 5, 1, *de donat. int. vir. et uxor.*, assez formelle pour qu'on y voie une dérogation à ces principes.

§ 2. — Donations indirectes.

Nous savons déjà que la jurisprudence romaine interdisait entre mari et femme les donations indirectes. Mais quelles étaient les conséquences de cette interdiction, c'est ce que nous voudrions maintenant indiquer.

1° *Donations par omission.*

Supposons d'abord que, pendant le temps nécessaire pour l'extinction des servitudes, un époux soit resté, *donationis causa*, sans user de la servitude qu'il avait sur le fonds de son conjoint. Malgré la prohibition des libéralités entre époux, on considérait en pareil cas la servitude comme éteinte par le non-usage (*non utendo*). *Puto amitti servitutem* (1), lisons-nous dans Ulpien. Mais quand le mariage était dissous, le rétablissement de cette servitude pouvait être réclamé par la *condictio*. *Post divortium condici posse.*

Les chosesse passaient-elles de même quand, au lieu d'un démembrement du droit de propriété, c'était ce droit lui-même qu'un époux n'avait pas exercé à l'égard de son conjoint;

(1) L. 5, 6.

quand, par exemple, un mari négligeait de revendiquer contre sa femme un objet dont il était propriétaire, et que celle-ci avait reçu d'un tiers à titre gratuit? On répondait à cette question en distinguant quatre hypothèses, dans l'examen desquelles nous allons entrer en prenant pour guide le savant auteur du *Traité de droit romain*, M. de Savigny (1).

1re HYPOTHÈSE. *La propriété du mari était ignorée de lui aussi bien que de sa femme.* — L'usucapion s'accomplissait alors sans difficulté, car, comment aurait-on vu une donation dans de telles circonstances? Le mari, à aucun instant, n'avait eu l'intention de donner. S'il n'agissait pas en revendication, c'est qu'il ne savait pas qu'il fût en mesure de le faire. Son omission était complétement involontaire et par suite à l'abri de toute critique.

2e HYPOTHÈSE. *Le mari découvrait qu'il était propriétaire, mais il n'en instruisait pas sa femme et demeurait inactif pour la laisser usucaper.* — L'usucapion devait-elle avoir lieu? Les textes sont muets sur ce point, et nous sommes réduits à raisonner par analogie. « Il « était inadmissible, dit M. de Savigny, d'attri- « buer à l'inaction du mari plus d'effets que

(1) Appendice IXe du tome 4, trad. de Guenoux, édit. Didot.

« n'en aurait eu l'acte dont il s'était abstenu. « Que pouvait faire le mari, l'expulsion étant « prohibée ? Il devait exercer contre la femme « une revendication, mais la revendication « n'arrêtait pas l'usucapion commencée. Seu- « lement le demandeur, si son action était « reconnue fondée, avait droit de se faire res- « tituer sa propriété perdue. Or, le défaut de « revendication ne pouvait plus faire que n'au- « rait fait la revendication elle-même. Pour le « non-usage des servitudes, la chose était dif- « férente; là, le contraire de l'inaction, c'est- « à-dire un seul acte d'exercice avant l'expi- « ration du délai, aurait empêché immanqua- « blement la perte de la servitude, et néan- « moins le défaut d'agir n'empêchait pas cette « perte. Combien moins d'efficacité devait avoir « le défaut d'agir en matière d'usucapion ! » Ainsi donc, suivant cette opinion que nous adoptons, l'usucapion avait lieu quoique l'époux propriétaire eût pleine connaissance de ses droits. Mais au moins la prohibition des donations entre époux produisait-elle, dans notre espèce, un effet indirect ? Autorisait-elle la réclamation de la chose usucapée au moyen d'une *condictio ?* L'affirmative semble préférable au premier aspect. M. de Savigny, cependant, est d'un avis opposé. « Il y avait, dit-il, une « différence essentielle entre le cas qui nous

« occupe et celui d'une servitude éteinte *non* « *utendo*. Dans le cas d'une servitude éteinte « *non utendo*, la cause unique et nécessaire de « l'extinction était le défaut d'agir. La servi- « tude aurait subsisté si elle eût été une seule « fois exercée. Au contraire, dans le cas de « l'usucapion, malgré les diligences du mari, « la perte de la propriété eût pu arriver, soit « par le défaut de preuves, soit par l'erreur « ou la prévarication du juge. Par conséquent, « l'abstention du mari, en fait de revendica- « tion, ne constituait pas une donation cer- « taine, évidente, et ne motivait pas une *con-* « *dictio* comme le non-exercice d'une servi- « tude. » Ces raisons nous paraissent assez peu solides; car, à Rome comme ailleurs, c'était seulement par exception qu'on voyait un propriétaire légitime manquer des moyens de prouver ses droits ou des juges commettre, par ignorance ou prévarication, des erreurs judiciaires.

3e Hypothèse. *La femme seule venait à apprendre que son mari était le propriétaire.* — Dans ce cas, l'usucapion commencée continuait à s'accomplir. En effet, d'une part, d'après les principes du droit romain, la bonne foi dans la personne du possesseur au jour de l'entrée en possession suffisait pour qu'il fût admis à l'usucapion, et d'autre part le mari n'avait pas l'*animus donandi*, condition indispensable pour l'existence d'une donation : « Ipsius mulieris « scientia propius est, ut nullum adquisitioni « dominii ejus adferat impedimentum. Non « omnimodo uxores ex bonis virorum, sed ex « causa donationis ab ipsis factæ acquirere « prohibitæ sunt (1). »

4ᵉ Hypothèse. *Les deux époux étaient informés que la chose donnée à la femme appartenait au mari.* — L'usucapion n'était pas possible dans cette hypothèse. La femme, il est vrai, ne devenait pas de mauvaise foi, puisqu'elle persévérait dans sa possession avec l'assentiment tacite de son mari. Mais par cela même que celui-ci consentait et qu'elle acceptait, ou reconnaissait les caractères d'une véritable libéralité, on était en réalité dans la même situation que si le mari avait lui-même fait la donation : *in causa ab eo factæ donationis*. L'on supposait que la femme restituait la chose à son mari, puis la recevait immédiatement de ses mains. La restitution interrompait l'usucapion, et la nouvelle tradition étant un acte prohibé, ne transférait ni propriété ni possession civile (2).

---

(1) L. 44.

(2) Suivant Pothier et Godefroy, la loi 44, *in fine*, ne prévoit que la quatrième de nos hypothèses, et en donne une solution contraire à celle que nous adoptons. Voici selon eux quelle doit être la ponctuation de ce texte : « Si vir rescierit

Mais il est une autre question qui se lie intimement à celle que nous venons d'examiner. Admettait-on entre époux la prescription des actions qu'ils pouvaient avoir l'un contre l'autre? Les sources présentent peu de renseignements propres à éclairer cette question. Nous voyons seulement dans la loi 5, § 7, que dans le cas où un époux négligeait d'opposer une exception à son conjoint, cette omission était considérée comme constituant une libéralité indirecte frappée de prohibition. Il nous semble que l'on doit appliquer les mêmes principes quand l'un des époux n'exerce pas en temps utile une action qui lui appartient contre l'autre époux. Nous pensons donc, malgré l'autorité de M. de Savigny, que, suivant le droit romain, les actions ne pouvaient pas se prescrire entre époux.

2° *Donations déguisées.*

Les effets de la nullité dont on frappait les

« rem suam esse priusquam usucapiatur, vindicareque eam « poterit, nec volet, et hoc et mulier noverit, interrumpetur « possessio, quia transiit in causam ab eo factæ donationis « ipsius mulieris scientia? Propius est ut nullum adquisitioni « dominii ejus adferat impedimentum. » Savigny pense que le texte doit être autrement ponctué, et résout deux questions, l'une dans la première phrase qui se termine *a factæ donationis*, et l'autre dans ces mots : *ipsius mulieris scientia*, etc.

donations déguisées variaient suivant la nature des contrats divers dont ces donations déguisées avaient l'apparence ; aussi, pour les caractériser, devons-nous faire plusieurs distinctions.

Si c'était une vente que les époux avaient simulée, et si cette vente purement imaginaire n'était destinée qu'à cacher un libéralité, on la traitait comme non avenue. Il y avait lieu à *revendication ou condiction quatenus locupletior*, conformément aux règles posées plus haut. Dans ce cas nulle controverse n'existait dans la jurisprudence.

Mais si les époux avaient entendu faire réellement une vente, si un prix sérieux avait été fixé, mais seulement si ce prix se trouvait inférieur ou supérieur à la valeur de l'objet vendu, selon Julien le contrat devait encore être annulé (1). Selon Nératius, au contraire, il fallait le maintenir et se contenter de conférer à l'époux lésé par la fixation du prix, une action personelle jusqu'à concurrence de l'enrichissement de son conjoint. Enfin Pomponius semblait adopter une opinion intermédiaire (2). Il décidait que la vente était nulle et valable pour partie, et l'objet vendu commun entre le vendeur et l'acheteur *pro portione pretii*. On n'éta-

(1) L. 5, 5.
(2) L. 31, 3.

blissait pas les droits de chacun d'après la valeur réelle de l'objet vendu, mais d'après la somme que le vendeur avait eu l'intention de donner à l'acheteur : « Non tantum spectandum « erat quanti res essent, sed quantum ex pretio « donationis causa remissum esset. » C'est que sans nul doute il était permis aux époux de se vendre des choses au-dessous de leur valeur, pourvu qu'ils ne cherchassent pas par là à déguiser une disposition à titre gratuit : « Sine « dubio enim licet a viro vel uxore minoris eme- « re, si non sit animus donandi. »

Jusqu'à présent nous avons supposé une vente faite moyennant un prix inférieur ou supérieur à la valeur vénale de la chose aliénée. Supposons maintenant une vente dont le prix représente bien cette valeur. Une pareille vente était valable, bien que faite entre époux ; mais que décidait-on si l'acheteur renonçait à la garantie des vices rédhibitoires et de l'éviction ? L'action *ex empto* lui compétait sans restriction ainsi que les actions édilitiennes. Sa renonciation était sans effet.

A plus forte raison, si c'était postérieurement à la vente que les époux modifiaient les conséquences ordinaires du contrat ; si, par exemple, un pacte intervenait entre eux, dispensant soit l'acheteur de son obligation de payer le prix, soit le vendeur de celle de livrer la chose, la vente subsistait et l'on ne tenait aucun compte du pacte postérieur.

Deux autres modes de déguisement des libéralités sous forme d'actes onéreux sont encore cités dans les textes du Digeste comme fréquemment employés. Tantôt les époux simulaient un échange, et celui d'entre eux qui recevait ne donnait rien en retour. Dans ce cas le *tradens* avait, suivant les cas, la revendication ou la *condictio sine causa*. Tantôt dans la constitution de dot les époux faisaient des biens dotaux une estimation trop forte ou trop faible. Antonin Caracalla, par un de ses rescrits, avait remédié à cette fraude en établissant que la restitution de la dot se ferait en nature toutes les fois que l'un des conjoints se plaindrait du taux de l'estimation.

3° *Donations par personnes interposées.*

Il nous reste à parler des effets de la prohibition quant aux donations par personnes interposées. Nous passerons en revue les espèces les plus importantes.

1re *espèce.* — Un mari ordonnait à son débiteur de verser entre les mains de sa femme le montant de la créance et le versement avait lieu. On se demandait alors s'il produisait quelque effet juridique. Celsus et Ulpien pensaient que le débiteur se trouvait libéré et que le mari était devenu propriétaire de la somme payée (1). « Car, disaient-ils, si les donations entre époux n'avaient pas été prohibées, les choses se seraient passées de la manière suivante : la somme payée par le débiteur serait tombée dans le patrimoine du mari avant d'entrer dans celui de la femme. Il est vrai que pour abréger on aurait confondu les deux opérations en une seule. Mais enfin il n'en est pas moins certain que la propriété transmise d'abord au mari par le débiteur ne l'aurait été qu'ensuite par le mari à la femme. Ceci posé, quelle doit être l'influence de la prohibition des donations entre époux? La première opération n'en est en rien affectée ; la seconde, au contraire, se trouve frappée de nullité. Le mari est donc propriétaire des deniers payés par le débiteur parce qu'ils sont valablement entrés dans sa fortune et n'en sont pas valablement sortis. » Africain raisonnait autrement (2). Il ne voyait pas une double opération dans l'acte qu'il s'agissait d'apprécier. Le mari, selon lui, n'était pas devenu propriétaire parce qu'il n'avait pas voulu le devenir, et la femme non plus parce qu'elle ne l'avait pas pu. Quant au

(1) L. 3, 12.
(2) L. 38, 1, de solut. in fine, Africain.

débiteur, d'après le droit strict il demeurait toujours obligé ; seulement le préteur, en lui accordant l'exception *doli mali*, l'avait protégé contre l'action du mari, à la condition toutefois qu'il céderait à ce dernier sa *condictio* contre la femme.

2e *Espèce.* — Lorsqu'au lieu d'un débiteur du mari la personne interposée était un tiers qui voulait lui faire une donation, et qui, sur son ordre, la faisait à sa femme, on annulait la donation (1). Pourtant, dit Pothier, on aurait pu objecter qu'une pareille libéralité n'appauvrissait pas l'époux qui la consentait, puisqu'il ne prenait pas ce qu'il donnait sur ses propres biens, *cum non donaret de suo*. Mais Julien, prévoyant cette objection, y répondait que tout devait se passer comme si le mari, préalablement à la donation faite à sa femme, avait reçu et acquis l'objet de cette donation.

3e *Espèce.* — La jurisprudence romaine ne validait pas davantage la promesse qu'un débiteur faisait à la femme de son créancier, pour se conformer aux volontés de celui-ci et opérer ainsi la novation de son obligation. Cette promesse était nulle (2). Le mari conservait sa créance ; cependant le débiteur pouvait échap-

---

(1) L. 3, 13.

(2) L. 5, 3.

per à toutes poursuites de sa part, si de bonne foi il avait payé à la femme le montant de la dette, et s'il offrait de faire cession de son action en répétition.

4° *Espèce.* — Un époux, *donationis causa*, s'était porté *expromissor* pour son conjoint, et non content de s'engager personnellement avait fourni un fidéjusseur; rien n'était valable dans cette *expromissio*, ni la libération du donataire, ni l'engagement du donateur, ni la fidéjussion; *perinde habendum erat ac si nihil promisisset*. Telle était, du moins, la solution présentée par Julien (1); car si on avait admis les principes posés par Paul (L. 5,5, *de dol. except.*), par Celsus (L. 21, *de donat.*), par Tryphoninus (L. 33, *de novat.*), on aurait dû décider que l'époux *expromissor* et son fidéjusseur pouvaient être valablement actionnés par le créancier de l'autre époux, par la raison que ce créancier, en agissant contre eux, n'eût fait que réclamer ce qui lui était dû, *suum petere*. Bien entendu, une fois le payement effectué, le conjoint, libéré de son obligation, aurait été soumis à un recours jusqu'à concurrence de la somme payée en son nom, et de cette manière n'aurait pas profité de la donation illégale qu'on avait voulu lui faire.

(1) L. 5, 4.

TROISIÈME PÉRIODE.

Des donations entre époux d'après le sénatus-consulte rendu sous Septime-Sévère et Antonin Caracalla.

« Tel était, dit Ulpien, l'état du droit sur les donations entre époux, lorsque Antonin Caracalla, du vivant de son père Septime-Sévère, proposa au sénat de tempérer dans une certaine mesure la rigueur de l'ancienne prohibition, *aliquid laxare ex juris rigore* » (1). La proposition de l'empereur (*oratio*) fut adoptéee et devint le sénatus-consulte que nous avons à étudier. Ce sénatus-consulte est attribué par les textes, tantôt à Caracalla, tantôt à Sévère, tantôt à tous les deux. La variété de ces désignations n'autorise pas à supposer deux édits successifs. Elle s'explique facilement par cette remarque, qu'au moment où le sénatus-consulte fut rendu, l'an 206 après J.-C., Sévère régnait encore : mais Caracalla était associé à l'empire.

La grande innovation introduite dans la législation par le sénatus-consulte se trouve résumée au Digeste dans la phrase suivante empruntée à l'*oratio* (exposé des motifs) d'Anto-

---

(1) L. 32, pr.

nin Caracalla : « Il est permis à l'époux donateur de se repentir et de révoquer sa libéralité ; mais s'il ne l'a pas fait, il est interdit à son héritier d'enlever les objets donnés au donataire : ce serait un acte de mépris pour les volontés du défunt; ce serait une preuve de cupidité. » « Fas est eum quidem qui donavit pœnitere : « heredem vero eripere forsitan adversus vo- « luntatem supreman ejus qui donavit durum « et avarum esse. » Ainsi donc, à partir du sénatus-consulte il ne fut plus vrai de dire que les donations entre vifs étaient prohibées entre époux. Au contraire, dès lors elles furent permises et valurent comme donations à cause de mort, essentiellement révocables, réductibles en vertu de la loi Falcidie, caduques quand le donataire prédécédait, confirmées et rétroagissant au jour où elles avaient eu lieu quand il survivait au donateur. Depuis Justinien, pourtant, lorsqu'elles excédèrent 500 *solidi*, leur confirmation de plein droit ne fut possible que lorsqu'on avait pris soin de les insinuer. A défaut d'insinuation, elles ne produisaient aucun effet : « Amplioris quantitatis donationem minime « intimatam nec per silentium ejus qui donavit « confirmari concedimus. » Toutefois, le donateur avait le droit de les confirmer spécialement par son testament, et alors, quoique non insinuées, elles étaient valables, mais sans rétroactivité, uniquement à dater de leur confirmation expresse.

SECTION Ire.

A quelles personnes s'appliquait le sénatus-consulte ?

Le sénatusconsulte s'appliquait non-seulement aux époux, mais encore à toutes les personnes qu'atteignait la prohibition des donations entre époux, *qui propter matrimonium donare prohibebantur*. Puisqu'on avait trouvé juste d'étendre à ces personnes la prohibition, on devait trouver juste aussi de leur étendre la loi qui en tempérait la rigueur : « Quæ ratio « donationem prohibuit, eadem beneficium da« tum imploravit. »

SECTION II.

A quelles donations s'appliquait le sénatus-consulte ?

Si l'on s'en était tenu aux termes du sénatus-consulte, on aurait compris parmi les donations que devait confirmer le prédécès du donateur, celles-là seulement qui avaient lieu *constante matrimonio*. Mais on s'était conformé à son esprit en validant toutes les libéralités frappées de nullité par l'ancienne législation. C'est ainsi que si des fiancés disposaient gratuitement l'un au profit de l'autre, et reportaient l'exécution de leur disposition au jour du mariage (*in tempus matrimonii collata donatione*), quoique ce ne fût pas là une donation entre époux et que la lettre du sénatus-consulte ne s'y appliquât pas, on décidait que si jusqu'à sa mort le disposant persistait dans sa volonté de donner, la disposition serait considérée comme ratifiée, et par suite inattaquable de la part des héritiers.

Nous arrivons maintenant à une question déjà vivement controversée à l'époque des glossateurs. Le sénatus-consulte recevait-il son application aussi bien quand il s'agissait de promesses faites *donationis causa*, que quand il s'agissait de donations accompagnées de tradition. Il y a selon nous une véritable contradiction entre les textes que nous allons examiner et que l'on cherche à concilier depuis tant de siècles.

Le premier texte qui se présente dans cette discussion est la loi 32, 1, tirée du commentaire d'Ulpien sur Sabinus : « Oratio imperatoris

« nostri de confirmandis donationibus non « solum ad ea pertinet quæ nomine uxoris a « viro comparata sunt, sed ad omnes donatio- « nes inter virum et uxorem factas, ut et ipso « jure res fiant ejus cui donatæ sunt et obliga- « tio sit civilis. » Ainsi, comme on le voit, le jurisconsulte dit formellement qu'il ne fallait pas distinguer entre telle et telle espèce de libéralités. Il est encore plus explicite dans le paragraphe 23 : « Sive autem res fuit quæ do- « nata est, sive obigatio remissa potest dici « donationem effectum habituram... et genera- « liter universæ donationes quas impediri dixi- « mus ex oratione valebunt. » On cite dans le même sens deux décisions rendues aussi par Ulpien dans des cas particuliers (1). Lorsqu'une femme avait stipulé de son mari une pension annuelle, on lui défendait, tant que durait le mariage, d'agir en vertu de cette stipulation. Mais si, toujours *manente matrimonio*, le mari venait à mourir, Ulpien pensait : « Quia in « animo quoque donatio vertebatur, posse dici, « stipulationem confirmari ex senatusconsulto. » Réciproquement, si c'était le mari qui avait fait la stipulation, Ulpien enseignait encore : *ex oratione donationem convalescere*. Enfin, nous trouvons au Code une constitution d'Alexandre

(1) L. 33, pr. et 2.

Sévère (1), d'après laquelle le sénatus-consulte confirmait les libéralités qui consistaient dans la reconnaissance par le mari d'une dot supérieure à la dot réellement apportée : « Si de suo « maritus constante matriomnio donandi animo « quid in dotem adscripserat. »

Les textes que nous venons de citer semblent démontrer que le sénatus-consulte de Caracalla s'appliquait à toutes les espèces de donations entre époux. Mais voici un autre texte d'Ulpien qui rapporte et paraît approuver une opinion de Papinien diamétralement contraire : « Papi-« nianus recte putabat, orationem divi Severi ad « rerum donationem pertinere; denique si sti-« pulanti spopondisset uxori suæ, non putabat « conveniri posse heredem mariti, licet durante « voluntate maritus decesserit (2). » Peut-on concilier cette loi avec les précédentes, et si on ne le peut pas, comment doit-on expliquer la divergence qu'on remarque non-seulement entre Ulpien et Papinien, mais encore entre Ulpien et lui-même ?

Nous pensons d'abord qu'Ulpien et Papinien n'étaient pas d'accord. Papinien interprétait littéralement le sénatus-consulte. Les mots :

(1) C., L. 2, de dote cauta non numerata.
(2) L. 23, Ulp.

Heredem vero eripere... durum et avarum esse, supposaient, disait-il, dans le donataire, la possession de la chose donnée. D'où il concluait sans doute que le législateur avait prévu le cas d'une donation suivie de tradition, et non celui d'une simple promesse consentie *donationis causa.* Ulpien se montrait plus large dans son interprétation. Il croyait que Caracalla avait entendu assimiler sous tous les rapports les libéralités confirmées par le sénatusconsulte aux donations à cause de mort, et, comme conséquence de cette assimilation, les valider sans distinction, puisqu'on pouvait donner *mortis causa* par promesse sur stipulation, de même que par tradition.

Une difficulté plus grande nous reste à résoudre ; car nous ne pouvons admettre qu'Ulpien se contredisait dans le même livre sur Sabinus, à quelques feuillets de distance.

Certains jurisconsultes effacent dans la loi 23 le mot *recte* qui semble être appliqué par Ulpien à une opinion contredite par lui à plusieurs reprises. Ce mot ne se trouve pas, en effet, dans les éditions des Pandectes publiées à Amsterdam en 1667 et 1700. Mais que peut-on conclure de ce que nous considérons comme une faute d'impression dans des éditions qui passent pour incorrectes? Il faut donc chercher une autre solution. Celle de Savigny nous semble la meilleure. Nous la reproduisons textuellement.

« Ulpien rapporte deux opinions différentes « de Papinien, l'application du sénatus-con- « sulte aux traditions, sa non-application aux « stipulations. Ulpien approuve seulement la « première opinion, si toutefois le mot *recte* est « authentique. Sur la deuxième, il ne s'expli- « que pas formellement. Si nous ne possédions « que ce texte, nous pourrions sans scrupule « étendre l'approbation tacite d'Ulpien à la « seconde opinion. Mais il n'en est plus de « même en présence des autres textes d'Ulpien, « qui établissent une opinion contraire. Sans « doute, d'après ce point de vue, on devait « s'attendre à voir Ulpien réfuter formellement « l'opinion de Papinien. Il l'avait vraisembla- « blement fait, et les compilateurs auront omis « cette réfutation. Peut-être y auront-ils été « conduits par l'ancienne disposition législa- « tive qui enlevait toute autorité aux notes « d'Ulpien et de Paul sur les ouvrages de Pa- « pinien. La disposition, il est vrai, n'était pas « directement applicable au cas qui nous oc- « cupe et n'enchaînait pas les rédacteurs du « Digeste. Mais ceux-ci croyaient se conformer « à son esprit, en omettant un passage où « Ulpien combattait ouvertement une opinion « de Papinien. »

Justinien, dans sa novelle 162, ch. 1, consacra la décision d'Ulpien. Dès lors aucune controverse ne fut plus possible. Remarquons cependant que cette novelle, ayant été découverte tardivement, et n'étant pas *glosée*, on ne lui accorda, dans l'ancienne France et en Allemagne, qu'une autorité purement doctrinale. Mais rien ne nous fait penser qu'elle n'ait pas eu force de loi.

Il nous reste encore à rechercher quelle était l'application du sénatus-consulte dont nous nous occupons relativement aux donations dont l'objet avait été consommé (*consumptum*), et aux donations déguisées.

Le sénatus-consulte était inutile toutes les fois que l'objet de la donation avait été consommé par l'époux donataire; car, en pareil cas, même avant Caracalla, cet époux donataire n'était menacé d'aucune action en répétition, puisqu'il ne s'était pas enrichi. Toutefois, par exception, le besoin du sénatus-consulte se faisait sentir quand le donataire, après avoir consommé les choses qu'il avait reçues, à son tour en donnait d'autres à son conjoint qui les conservait en nature ou du moins s'en enrichissait. Dans cette hypothèse nous savons que, suivant le droit antérieur au sénatus-consulte, il devait y avoir compensation. Au contraire, par application du sénatus-consulte, si le second donataire venait à prédécéder, ses héritiers perdaient la faculté d'opposer la compensation, et pouvaient se trouver forcés de restituer ce qu'on avait donné à leur auteur. En effet, la libéralité consentie par ce dernier était consolidée par sa mort, tandis que celle dont il avait recueilli le bénéfice était caduque par son prédécès.

Les donations déguisées, comme les donations directes, profitaient de la possibilité de confirmation introduite par le sénatus-consulte. Si, par exemple, les époux avaient formé une société *donationis causa*, la société était nulle, d'après le droit commun, *jure vulgato*, c'est-à-dire qu'elle l'eût été entre tout autre personne que les époux. En conséquence, même après le décret du sénat, une telle libéralité n'était pas valable, en ce sens qu'elle ne conférait pas l'action *pro socio*. « Nec post decre- « tum senatus, emolumentum ea liberalitas, « ut actio pro socio constituatur, habere po- « terit (1). » Mais quant aux avantages qui en résultaient, on les maintenait, et ce que les époux avaient mis en commun, *quæ in commune tenuerant*, était partagé entre eux conformément aux clauses du contrat, *fine præstituto*. Ces derniers mots avaient un sens différent au

(1) L. 32, 24.

temps d'Ulpien. Les lois caducaires étaient en vigueur, et, par suite, les restrictions dont ces lois avaient frappé, quant à leur quotité, les dispositions gratuites licites entre époux, subsistaient encore. L'expression *fine præstituto* était synonyme de l'expression *fine decimarum* que nous rencontrons dans les Fragments du Vatican. Elle voulait dire que la donation ne valait pas intégralement, qu'on la validait uniquement comme donation *mortis causa*, et qu'en cette qualité elle devait être confirmée par la mort du donateur, seulement dans les limites des *decimæ* établies par la loi Julia. Tout ce qui excédait ces *decimæ* n'appartenait pas aux héritiers du donateur comme en cas d'une simple donation annulée. C'était un *caducum* que pouvaient revendiquer, soit les *liberos habentes*, soit le trésor public.

SECTION III.

Événements qui empêchaient la confirmation des donations entre époux par la mort de l'époux donateur.

§ 1er. — De la révocation expresse ou tacite de la donation.

Le sénatus-consulte exigeait, pour que la mort du donateur pût confirmer sa libéralité, qu'il mourût persistant dans sa volonté de donner, *in eadem voluntate*. La révocation expresse ou tacite était donc un obstacle à cette confirmation. Voyons successivement dans quelles circonstances on considérait comme révoquées les donations entre époux.

Nous n'avons à faire qu'une seule observation sur la révocation expresse : c'est que la volonté du donateur dont il fallait tenir compte était sa volonté dernière. Ainsi, quand un mari avait fait une libéralité à sa femme, l'avait révoquée et était revenu ensuite sur sa révocation, on devait prononcer la validité de la disposition. Tant que le mari vivait, ses changements d'intention étaient efficaces, aussi bien pour les donations entre époux que pour les legs et fidéicommis : « Ambulatoria erat voluntas ejus « usque ad vitæ supremum exitum. »

Les cas de révocation tacite étaient nombreux dans la législation romaine. Quand les héritiers de l'époux donateur prétendaient qu'on se trouvait dans un de ces cas, la preuve de leur prétention leur incombait, et s'il restait quelque doute dans l'esprit du juge, son devoir était de rejeter leur demande et de maintenir la libéralité : « Si in obscuro esset « defunctum evidenter revocasse voluntatem, « proclivior esse debebat judex ad compro- « bandam donationem. »

L'aliénation entre vifs ou par testament des choses données emportait révocation de la donation. Il en était de même, avant Justinien, si le donateur les engageait ou les hypothéquait : « Non solum obligatione sed etiam do-« natione vel venditione vel alio quolibet « modo rebus alienatis, revocatam esse a viro « in mulierem factam donationem manifestum « erat. » Toutefois, dans ces derniers cas, on admettait le donataire à prouver que le donateur n'avait pas entendu révoquer sa libéralité. Ainsi, lorsqu'une femme avait été constituée et était demeurée, malgré le gage ou l'hypothèque, possesseur précaire des objets que son mari lui avait donnés, on ne devait pas la dépouiller, si elle offrait de désintéresser les créanciers (1). C'est qu'en effet, si au moment de la donation le gage ou l'hypothèque avaient déjà existé, la donation eût été inattaquable, et la femme disposée à payer le montant de la dette eût eu l'exception de dol pour se défendre contre l'expropriation en même temps que pour se faire céder les actions des créanciers (*ut sibi mandarentur actiones*). Justinien alla plus loin, et par sa novelle 172, décida que le donateur ne révoquerait pas sa

(1) L. 32, 5.

donation en hypothéquant ou en engageant la chose qui serait l'objet de cette donation.

§ 2. — Du prédécès de l'époux donataire.

Les donations entre époux comme les donations *mortis causa* étaient caduques par le prédécès du donataire, *si prior vita decessisset qui donatum acceperat*. La preuve de ce prédécès était à la charge des demandeurs en révocation. Mais si le donateur et le donataire périssaient dans un même événement, naufrage ou incendie, et si on ne pouvait reconnaître lequel des deux avait péri le premier, Ulpien pensait qu'il fallait valider la donation, et il appuyait cette opinion sur les termes du sénatus-consulte.

Il n'était pas possible, disait-il, de considérer le donataire comme prédécédé dans un cas où le donateur était mort en même temps que lui: « Non videbatur prior vita decessisse, qui do- « natum acceperat, cum simul decessissent. »

Par conséquent, s'il s'agissait de libéralités mutuelles, les unes et les autres recevaient leur effet. Aucun des donateurs n'était censé avoir survécu : *neuter alteri supervixerat.*

Plusieurs difficultés se présentaient lorsqu'il s'agissait non pas d'une donation entre époux, mais d'une donation entre une personne dont la personnalité se confondait avec celle d'un des époux, et soit l'autre époux, soit une personne n'ayant pas une individualité juridique distincte de la sienne. Par exemple, quand une bru faisait une donation à son beau-père, la donation était-elle immédiatement caduque si le beau-père prédécédait, ou bien attendait-on la mort du mari, et dans le cas où il survivait à sa femme regardait-on la donation comme confirmée ? Les jurisconsultes résolvaient cette question par une distinction. Si le mari n'était pas seul héritier du donataire, ils admettaient, comme définitive, la caducité de la libéralité. Mais s'il se trouvait seul appelé à sa succession, ils décidaient que la femme n'ayant pas agi en répétition contre lui, et de cette manière ayant persévéré dans sa volonté de donner même après la mort de son-beau père, avait pour ainsi dire fait une nouvelle donation qui remplaçait la première devenue caduque : « Nova donatio poterat « servari in maritum collata, ut illa finita « esset, alia cœpisset (1). » Voici quels étaient les motifs de cette décision. En général, de ce que le donateur *mortis causa* laissait entre les mains des héritiers du donataire les choses

(1) L. 32, 28.

dont il avait disposé, on n'était pas en droit de conclure que son intention avait été de les leur donner. Entre époux, au contraire, il y avait un lien d'affection si étroit, que l'on pouvait légitimement présumer que le donateur avait voulu maintenir la libéralité.

Plaçons-nous maintenant dans l'hypothèse inverse ; supposons qu'un beau-père ait disposé gratuitement au profit de sa bru. Si plus tard, *constante matrimonio*, son fils venait à mourir, la donation restait encore sujette à la révocation et à la caducité. Mais si lui-même prédécédait, et jusqu'à sa mort persévérait dans sa volonté de donner, le sénatus-consulte pouvait être invoqué contre ses héritiers, pour faire valider la donation : « Contra heredes orationis sententia videbatur intervenire. Ut valeret donatio ista, Papinianus exigebat ut et filius ejus qui donaverat, ante decessisset et socer postea, durante voluntate (1). »

Lorsque la donation avait lieu par personnes interposées, et que le donateur mourait avant la remise des objets donnés au conjoint donataire, il fallait rechercher lequel des époux était l'auteur de l'interposition pour savoir si

(1) L. 32, 16.

la donation devait produire son effet. Si c'était l'époux donateur, le contrat se trouvait encore imparfait à son décès, puisqu'il n'y avait pas eu concours de volontés, *in idem placitun consensus*. D'un autre côté, il était impossible qu'il se consolidât postérieurement, puisque le mandat du tiers interposé était révoqué dès le jour de la mort du mandant. Les héritiers de ce dernier avaient donc le droit de s'opposer à la tradition non effectuée, et si malgré leurs ordres le tiers interposé l'effectuait, la *condictio* leur compétait contre lui. « Si a mu- « liere interpositus erat, obligabat se con- « dictione, si marito tradiderat (1). » Dans le cas au contraire où c'était le donataire qui avait fait l'interposition, la donation était parfaite du moment où le donateur n'existait plus. Le tiers devenait propriétaire de la chose qui précédemment lui avait été remise et pouvait être actionné afin de la livrer à la personne qui devait en réalité profiter de la donation. « Si autem a marito interpositus « erat, mortua muliere confestim fundus effi- « ciebatur ejus quem maritus interposuerat, « et actionem ipse maritus cum eo habe- « bat. » Si dans la même espèce le tiers interposé s'était acquitté de la tradition, puis décé-

(1) L. 11, 7 et 8.

dait *vivo donatore*, la donation s'évanouissait, *donatio evanescebat*. Car la propriété devait reposer un instant sur sa tête avant de passer sur celle du donataire : « Debebat aliquo mo- « mento interposito ejus fieri, ac sic ad mulie- « rem transire. » Il en était autrement à l'égard du tiers interposé par le donateur. Il acquérait immédiatement l'objet de la donation, et pouvait en faire valablement la restitution à quelque époque que ce fut.

§ 3. — De l'esclavage de l'un des époux.

Les Romains assimilaient l'esclavage à la mort, *servitus morti comparetur*. Si donc le donataire devenait esclave avant le décès du donateur, la donation était caduque et même ne revivait pas quand par la suite il y avait affranchissement, *extincta erat donatio*. Lorsque c'était le donateur qui tombait en servitude, malgré l'assimilation de l'esclavage à la mort, l'on ne confirmait pas, mais on révoquait la donation (*non impletam sed peremptam donationem dicendum est*). C'est que dans ce cas avec sa liberté le donateur perdait sa capacité de transmettre. Exceptionnellement cependant, s'il n'était pas esclave d'un particulier, *servus privati*, mais esclave de la peine, *servus pœnæ*, par l'effet d'une condamnation criminelle sa libéralité se trouvait maintenue. Justinien supprima dans sa novelle 22, cette espèce de servitude, et dès lors l'on dut, en pareil cas, attendre la mort naturelle du donateur pour déclarer confirmée ou non confirmée la disposition à titre gratuit qu'il avait pu faire au profit de son conjoint.

La captivité avait ses règles spéciales ; le captif qui rentrait dans ses foyers était traité, en vertu de la fiction du *postliminium*, comme n'ayant jamais été prisonnier ; et s'il ne revenait pas, par application de la loi Cornelia, on la réputait mort du jour où il avait été pris, c'est-à-dire dans la plénitude de ses droits de citoyen. D'après ces principes, sous l'empire du sénatus-consulte de Caracalla, quand une donation avait eu lieu entre époux, la captivité de l'un d'eux ne devait pas être une cause de confirmation ou de caducité pour cette donation, puisqu'il pouvait arriver que la captivité fût considérée comme n'ayant jamais existé. Tout dépendait du moment où mourait le donateur; s'il mourait chez l'ennemi après son retour, mais avant son conjoint, sa mort confirmait la donation, s'il était donateur, et la rendait caduque, s'il était donataire.

Les mêmes principes recevaient leur application quand les deux époux étaient ensemble faits prisonniers : s'ils mouraient avant d'avoir recouvré leur liberté, l'on maintenait les libéralités qu'ils s'étaient consenties, comme si leur décès datait du jour de leur captivité. Mais lorsque l'un rentrait dans ses foyers et que l'autre décédait chez l'ennemi, l'on ne validait que la donation concernant le premier.

§ 4. — Du divorce.

Dans l'ancien droit le divorce rendait caduques les donations *mortis causa* que pendant le mariage les époux avaient pu se faire. Pour que le divorce n'entraînât pas cette caducité, il fallait une déclaration expresse du donateur; à défaut d'une telle déclaration, l'intention de révoquer était présumée, sans qu'on eût à distinguer entre le divorce *bona gratia* et le divorce *cum ira et offensa*. A partir de Caracalla il en fut de même pour les donations entre vifs: le divorce mit obstacle à leur confirmation. Toutefois si le mariage était plus tard rétabli et si la volonté de donner apparaissait comme ayant persisté dans le disposant, *restaurato matrimonio et oluntate donatoris reconciliata*, cette confirmation redevenait possible.

Il n'y avait pas d'exception aux règles précédentes dans le cas particulier où il s'agissait d'un mariage entre un patron et son affranchie.

D'après la loi Julia, *de maritandis ordinibus*, le divorce *invito patrono* était prohibé. Mais cela ne voulait pas dire qu'il fût complétement nul ; au contraire, tout en étant irrégulier, il avait cependant d'importantes conséquences. Le mariage subsistait quant à l'affranchie en ce sens qu'on ne lui reconnaissait pas le droit de convoler à de secondes noces. Mais elle acquérait cette faculté dès que son patron y consentait (1). En outre, on considérait comme rompu le lien du mariage au point de vue de la possession de biens *unde vir et uxor*, puisqu'on la refusait soit au mari, soit à la femme qui survivait (2). Il n'était donc pas étonnant qu'on déclarât de plein droit révoquées les donations qui avaient eu lieu entre les époux *constante matrimonio*.

La législation romaine permit longtemps aux ascendants de dissoudre quand bon leur semblait les mariages légalement contractés par les enfants qu'ils avaient en puissance. Septime-Sévère et Antonin Caracalla, par une de leurs constitutions, dépouillèrent l'autorité paternelle de cette exorbitante prérogative. Toutefois le chef de la famille de chacun des époux conserva, même après cette constitution, le droit d'en-

---

(1) L. 11, de divortiis.

(2) L. 1, 1, unde vir et uxor.

voyer un acte de répudiation à son gendre ou à sa bru, et l'effet de cet acte était d'infirmer les libéralités dont il avait gratifié l'un ou l'autre (1). A son égard le mariage était considéré comme n'existant plus, et du reste son changement de volonté était incontestable.

§ 5. — De l'émancipation.

L'émancipation mettait fin à la confusion des personnes juridiques de l'émancipant et de l'émancipé. Si donc l'un des beaux-pères avait donné à son gendre ou à sa bru, ou à l'autre beau-père, et si les deux époux ou l'un d'eux étaient émancipés, la donation cessait de pouvoir être confirmée. On ne se trouvait plus dans les termes du sénatusconsulte qui limitait le bénéfice de la confirmation aux donations entre époux et aux donations entre personnes qui n'avaient pas une individualité distincte de celles des époux (2).

SECTION IV.

Des seconds mariages.

Sous la république et dans les premiers siècles de l'empire, les seconds mariages étaient vus

(1) L. 32, [illegible]

(2) L. 32, [illegible]

par le législateur avec une grande faveur. On les encourageait parce qu'on sentait le besoin d'accroître la population et de combattre la tendance des citoyens au célibat et à la corruption. Les empereurs chrétiens s'inspirèrent, dans leurs constitutions, de principes tout différents. Ils cherchèrent à restreindre les seconds mariages et à sauvegarder ainsi les intérêts des enfants du premier lit. C'est dans ce but qu'ils imposèrent aux époux qui se remariaient, de gênantes obligations quant aux biens que leur avaient donnés les époux décédés, et de graves restrictions quant à la faculté de disposer à titre gratuit au profit de leurs nouveaux conjoints.

§ 1er. — Des constitutions *feminæ quæ* et *generaliter*.

D'après la constitution *feminæ quæ* (1), rendue, en 382 par les empereurs Gratien, Valennien II et Théodose Ier, la veuve remariée après 'expiration de l'année de deuil, devait conserver pour tous les enfants, ou du moins pour l'un des enfants qu'elle avait eus de son premier mari, les biens reçus de celui-ci par dons de fiançailles, donations à cause de noces ou à cause de mort, institutions d'héritiers, legs, fidéicommis, ou enfin donations entre vifs, soit

(1) Cod., v, 9, 3, de sec. nupt.

dans les cas où la prohibition ne s'appliquait pas, soit dans ceux où la confirmation avait lieu en vertu du sénatus-consulte. On lui défendait d'aliéner aucune partie de ces biens. Il est vrai que si elle ne tenait pas compte de la défense, on n'annulait pas les aliénations; mais on la forçait à indemniser, sur ses biens personnels, les enfants qui auraient dû recueillir les biens aliénés. Elle n'avait la pleine propriété qu'à défaut d'enfants issus d'un précédent mariage. La constitution *generaliter* (1) de Théodose II et Valentinien III étendit aux hommes veufs la constitution *feminæ quæ*, et Justinien, dans ses novelles, ne modifia que sur des points accessoires ces deux constitutions.

§ 2. — De la constitution *hac edictali.*

Les enfants du premier lit n'étaient pas suffisamment protégés par les prescriptions législatives que nous venons d'indiquer. Il fallait encore empêcher que leur auteur, convolant à de secondes noces, pût à leur préjudice enrichir son nouvel époux de la totalité ou d'une grande portion de ses biens personnels. C'est ce que firent Léon et Anthemius par la constitution *hac edictali* (2), en interdisant à toute personne re-

(1) Cod., L. 5, pr., de sec. nupt.
(2) Cod., L. 6 pr.

mariée et ayant un ou plusieurs enfants d'un précédent mariage, de laisser gratuitement à son conjoint une part de son patrimoine, supérieure à celle de l'enfant le moins prenant. Lorsque la disposition excédait cette limite, la réduction en devait être opérée au profit exclusif des enfants du premier lit. Justinien, après avoir admis ceux du second au même avantage, en revint, dans sa novelle 22, à la règle de la constitution.

Notons, en terminant, que, près d'un siècle avant Léon et Anthemius, Théodose Ier et Valentinien II avaient pris une mesure analogue pour le cas particulier où il s'agissait d'une veuve qui se remariait dans l'année de deuil. Jusque-là on se bornait à la noter d'infamie, sans la frapper de déchéance quant à la faculté de disposer. Ces empereurs, au contraire, avaient décidé que la veuve, dans cette situation, ne pourrait constituer en dot ni donner par testament, à son nouveau mari, plus du tiers de sa fortune, soit qu'elle eût des enfants, soit qu'elle n'en eût pas.

DEUXIÈME PARTIE.

DES DONATIONS ENTRE ÉPOUX DANS LE DROIT FRANÇAIS.

Nous diviserons en cinq chapitres l'étude que nous voulons faire des donations entre époux dans le droit français.

Un premier chapitre sera consacré au droit coutumier.

Nous ne pourrons, on le conçoit, suivre à travers les siècles la formation et le développement de ce droit. Nous nous bornerons à l'étudier d'abord dans ses origines, et ensuite à l'époque où il est, pour ainsi dire, arrivé à son apogée, après la rédaction définitive des coutumes, au temps des Lebrun, des Ricard et des Pothier. Même dans ces limites, il nous sera impossible d'embrasser dans notre examen chaque coutume de la France. Aussi nous attacherons-nous surtout aux dispositions des coutumes de Paris et d'Orléans, sauf à signaler les divergences les plus importantes des autres coutumes.

Notre second chapitre portera sur la législation des pays de droit écrit. Quelques observations nous suffiront à ce sujet, la législation de ces pays n'étant que le droit romain des derniers temps de l'empire.

Nous étudierons dans un troisième chapitre l'édit des secondes noces de François II, principalement dans le but de trouver dans les auteurs qui l'ont commenté, l'explication de l'art. 1098 du Code Napoléon, qui en est presque la reproduction partielle.

Le droit intermédiaire sera l'objet du quatrième chapitre.

Enfin, arrivant au droit français moderne, nous consacrerons le cinquième et dernier chapitre à l'exposé des principes du Code Napoléon et à la discussion des plus graves questions qu'a soulevées l'application de ces principes.

CHAPITRE Ier.

DROIT COUTUMIER.

SECTION 1re.

Origines du droit coutumier.—Lois barbares. — Premières coutumes françaises.

Les origines de l'ancien droit français sont

obscures et confuses, comme les origines de toute législation. Aussi notre intention n'est-elle pas d'étudier dans tous leurs détails les dispositions des lois barbares et des premières coutumes françaises, qui ont trait aux donations entre époux Ce serait une tâche au-dessus de nos forces, en présence des innombrables variétés de ces lois et de ces coutumes. Nous voulons seulement rappeler dans cette étude quelques principes généraux du droit germanique, qui ont laissé trace dans les lois de notre pays, et quelques institutions communes à presque tous les peuples barbares, qui, en se modifiant par le progrès des temps, en se confondant soit entre elles, soit avec les institutions romaines, sont devenues les institutions de la France coutumière.

§ 1er. — De la dot.

Nous savons ce qu'à Rome on entendait sous le titre de dot; c'étaient les biens que la femme apportait au mari pour subvenir aux charges du mariage (*ad sustinenda matrimonii onera*). Ce mot signifiait tout autre chose chez les Germains. Tacite, déjà, avait remarqué avec étonnement qu'en Germanie la femme recevait la dot au lieu de la payer : *Dotem non uxor marito sed uxori maritus offert* (1). Son fiancé ne lui donnait pas de ces superfluités qui flattent la vanité des femmes (*non munera ad delicias mulieribus quæsita*), mais des bœufs, un cheval harnaché, un bouclier, une framée ou un sabre. Le témoignage de Tacite se trouve confirmé par les lois barbares qui nous sont parvenues. La dot y est toujours considérée comme donation faite par le mari, seulement il arrive souvent qu'elle est désignée par un autre nom. Les Burgondes l'appelaient *wittemon* (2), *pretium nuptiale ;* les Lombards *mundium* et *meta* (3) ; les Anglo-Saxons *ceap* , *scaett* , *gift* (4) ; les Scandinaves *mundr*. Mais quelle que fût la dénomination employée, c'était, nous le montrerons tout à l'heure, la même espèce de libéralité que le législateur avait en vue.

Quant à ce que les Romains nommaient dot, les Germains le connaissaient aussi : c'est le *faferdium* (5) de la loi lombarde, le *fœderinfeoh* des Saxons, le *maritagium* (6) des auteurs du moyen âge. Les textes définissent en effet ces

---

(1) Tacite, Des mœurs des Germains, 17.

(2) L. Burgund., tit. 52, 66, 69, § 2.

(3) L. Roth., ch. 178.

(4) L. Adelb., ch. 76.

(5) L. Longob, II, 1, 14.

(6) Ducange, Gloss. inf. latinitatis, v° Maritagium.

termes divers : « Quod ipsa mulier ex paternis « bonis ad maritum attulit, » ou bien : « Quid-« quid mulier de rebus parentium ibi attulit. »

La dot germaine, dans le principe, ne se payait pas à la femme ; elle se payait à celui sous la puissance duquel elle se trouvait. Comme aux temps primitifs de Rome, les femmes, dans la Germanie, vivaient dans un état de tutelle perpétuelle. Cette tutelle (*mundium*, *mundiburdium*, plus tard *mainbournie* dans les coutumes) resta encore en usage après l'établissement des barbares dans l'empire. Les lois des Lombards nous l'attestent : « Nulli mu-« lieri liberæ sub regni nostri ditione lege « Longobardorum viventi liceat in suæ pro-« testatis arbitrio, id est sine mundio per-« manere (1). » Le tuteur (*mundwald, mundo aldus*) changeait quelquefois, mais la tutelle subsistait toujours. Jusqu'au mariage de la femme, le *mundium* appartenait au père ; et, à défaut du père, au frère ou au plus proche parent mâle ; puis il passait au mari. En cas de veuvage, il était exercé, dans la famille de ce dernier, par ses héritiers. Enfin, si la femme se remariait, le nouveau mari l'acquérait à son tour. La dot, dans le premier état du droit, n'était que la somme payée à titre d'indemnité

(1) L. Longob., ch. 181-183-205.

par le fiancé à ceux qui, en consentant au mariage de la femme, lui cédaient les droits de garde et de protection qu'ils avaient sur elle. C'était le prix de leur consentement. Il fallait acheter celle qu'on voulait épouser, *emere uxorem*, dit la loi saxone, absolument comme à Rome, où pour acquérir la puissance maritale (*manus*), le plébéien devait remplir les formalités de la *coemptio*, véritable vente *per æs et libram.*

La civilisation progressive des tribus germaines modifia le caractère originel de la dot. Par une émancipation lente et graduelle, la femme, d'abord traitée comme une chose mobilière, devint peu à peu la compagne du mari et prit dans la famille un rang plus élevé. L'on commença à exiger pour le mariage le consentement de la fiancée; celui de ses parents ne fut plus suffisant. Dès lors on l'admit à partager avec eux la dot, c'est-à-dire le prix du consentement au mariage : « Mulier majorem nuptialis pretii partem sponso « adnumerante percepit (2). » Bientôt un dernier pas fut fait : on attribua à la femme seule la totalité de la dot : « Vidua quæ in « domo patris aut fratris regressa est habeat « sibi methium (3). » La loi ripuaire s'exprime,

(1) L. Burg., t. 52.
(2) L. Roth., ch. 189.

s'il est possible, plus formellement encore : « Si quis mulierem desponsaverit, quidquid « ei per tabularum seu chartarum instrumenta « conscripserit, perpetualiter inconvulsum per- « maneat (1). » En outre, aux termes de la même loi, si lors du mariage aucune dot n'avait été constituée, la femme survivante pouvait réclamer, d'une part, 50 *solidi*, et d'autre part, un tiers de ce qu'elle avait acquis en commun avec son mari (*de omni re quam simul collaboraverint*).

Chez les Allemands, chez les Bavarois, en un mot chez tous les peuples barbares, la même transformation s'opéra insensiblement, et un moment arriva où la dot fut partout, non une indemnité au profit des parents, mais une libéralité au profit de la femme, libéralité obligatoire pour le mari. Luitprand (2), roi des Lombards, fixa un maximum aux dots que pouvaient constituer ses sujets. Ce maximum variait suivant la condition des personnes. Il était, en général, de 300 *solidi*, et s'élevait, pour les juges, à 400.

§ 2. — Du *morgengabe*.

La dot dont nous venons de parler n'avait

---

(1) L. Rip., 39, 1 et 2.

(2) L. Long. Luitp., chap. 88.

pas un caractère purement gratuit de la part du mari, puisque en échange il acquérait le *mundium*. Aussi était-elle, la plupart du temps, accompagnée d'une véritable donation que la femme recevait le matin qui suivait la première nuit des noces (*primo mane post consummatum matrimonium*). Cette donation s'appelait *morgengabe*, don du matin, *matutinale donum*, suivant l'expression de Grégoire de Tours (1). Les jurisconsultes la considéraient comme le prix de la virginité perdue, *virginitatis pretium*, *pudicitiæ delibatæ præmium* (2).

Tous les peuples d'origine germanique permettaient ce don du matin. Les Burgondes le désignaient sous le nom de *nuptialis donatio*. Les Saxons le confondaient avec la dot. Partout on le traitait avec une grande faveur. La loi des Allemands nous en fournit la preuve. Quand une controverse s'élevait sur la quotité du *morgengabe*, on ne recourait pas au combat judiciaire comme dans les procès ordinaires.

---

(1) Histoire ecclésiastique, 9, 20.

(2) Le *morgengabe* était inconnu dans la législation romaine. Toutefois, Juvénal nous parle du don que de son temps on avait l'habitude de faire à l'épousée pour les faveurs de la première nuit, *quod prima pro nocte datur* (1). Le *theoretron* des Grecs du Bas-Empire, *pulchritudinis præmium*, n'était pas sans analogie avec le *morgengabe*.

(1) Juvénal, sat. 6, 199.

La femme, en jurant *per pectus suum*, était crue dans son affirmation. « Si ipsa femina « dixerit : maritus meus mihi dedit morgan- « geba, computet quantum valet aut in auro, « aut in argento, aut in mancipiis, aut in equo « duodecim solidos valente. Tunc liceat illi mu- « lieri jurare per pectus suum et dicat : quod « maritus meus mihi dedit in potestate, et ego « possidere debeo (1). »

Le *morgengabe* se promettait d'ordinaire dès le jour et dans l'acte des fiançailles et une caution était alors donnée à la femme. Quelquefois même on le lui remettait avant le mariage, et c'est ce qui nous explique pourquoi on le trouve qualifié d'*antefactum*, *antefatto*, dans quelques statuts municipaux de l'Italie.

Pendant longtemps le *morgengabe* fut purement volontaire, mais en même temps le mari avait le droit de le faire aussi considérable que bon lui semblait. La loi lombarde de Luitprand le limita au quart des biens du mari : « Tamen ipsum morgengab « volumus ut non sit amplius nisi quarta « pars de ejus substantia qui ipsum mor- « gengab dedit. Si quidem minus dare volue- « rit, habeat in omnibus licentiam dandi

(1) Lex Alam, 56, 2.

« quantum voluerit (1). » Malgré la réserve du droit faite dans ce texte pour le mari de donner moins du quart, il paraît que de bonne heure l'usage d'assurer à la femme le quart de ses biens devint général. On lit en effet dans un vieux glossaire : *morgengab, id est quarta pars in lege Longobardorum* (2).

Cette fixation d'un taux pour le *morgengabe* était une première innovation qui ne tarda pas à être suivie d'une seconde, non moins importante, non moins contraire à la nature primitive du *morgengabe*. Ce qui était faculté devint peu à peu obligation. Le *morgengabe* se combina avec la dot pour former une libéralité d'une espèce particulière : *dotalitium, doarium*, le douaire coutumier. « Jure Francorum, dit un ancien glossateur, dotarium succedit loco quarta. Nam jure regni, quarta debetur uxori, « soluto matrimonio ex morte tantum viri (3). » L'adage des coutumes, *au coucher femme gaigne son douaire*, est un souvenir du *morgengabe*, de même que l'article 331 de la coutume de Bretagne : « Femme gagne son douaire à mettre « son pied au lit, puisqu'elle est épousée à son

(1) L. Luitp., ch. 7.

(2) V. M. Laboulaye, Recherches sur la condition des femmes, p. 126.

(3) Ibid.

« seigneur, ores qu'il n'eut jamais eu affaire « avec elle. »

Dans certaines provinces, à l'image de la dot qui était acquise du moment des fiançailles, le douaire était acquis dès l'instant de la célébration nuptiale. « Femme prend son douaire, » lisons-nous dans la coutume de Bourbonnais, « jaçait que le mariage n'aye pas été consommé « par copule charnelle, comme il peut advenir « que l'épouse décède le jour de la bénédiction. »

§ 3. — Des donations entre époux pendant le mariage.

Les donations entre époux autres que la *dot* et le *morgengabe* se trouvaient-elles interdites par les lois barbares ? Existait-il dans le droit germanique une prohibition analogue à celle du droit romain ? Il n'est pas possible de répondre à cette question sans entrer dans quelques explications.

La loi lombarde de Luitprand défendait au mari de faire des donations à sa femme en dehors de la dot et du *morgengabe* : « Nulla sit « licentia conjugi suæ de rebus suis dare am- « plius per qualecumque ingenium nisi quod ei « in die votorum methio et morgengabe de- « derit, secundum anterius edictum, et quod « super dederit non sit stabile (1). » Toutefois

(1) L. Luitp., ch. 49.

cette défense ne comprenait pas le testament. Une formule citée dans le recueil de Canciani en fournit la preuve : « Si quis Longobardus « decedens uxori suæ usumfructum de rebus « suis judicare voluerit, et filios et filias ex « ea reliquerit, non amplius ei per usum- « fructum judicare posset quam medium de « sua substantia, super illud quod in morgen- « gab et in meta secundum legem datum fue- « rit. »

La loi visigothe était moins restrictive. Elle prohibait les donations entre époux, uniquement pendant l'année qui suivait le mariage : « Si jam vir uxorem habens, transacto scilicet « anno, pro dilectione vel merito conjugalis « obsequii, ei aliquid donare elegerit, licentiam « incunctanter habebit. Nam non aliter infra « anni circulum, maritus in uxorem seu mulier « in maritum, excepta dote ut prædictum est, « aliam donationem conscribere poterint, nisi « gravati infirmitate periculum sibi mortis im- « minere perspexerint (1). »

D'après la loi des Ripuaires (2), le mari qui mourait sans postérité (*qui procreationem filiorum filiarumve non habebat*) avait droit de laisser à sa femme ou à toute autre personne, à

(1) L. Vis., 3, 5.
(2) L. Rip., 48 et 49.

titre de legs ou d'affatomie, tous les biens dont il était propriétaire (*omnem facultatem suam adoptare in hereditatem vel in adfatimi*). L'affatomie était une espèce de don mutuel, et elle avait cela de particulier que, lorsqu'elle avait eu lieu entre époux, les objets donnés devaient retourner après la mort du donataire aux héritiers du donateur, à l'exception pourtant des objets employés en aumônes, ou pour satisfaire à des dépenses nécessaires (*in eleemosyna aut in necessitate*).

La loi salique, qui n'est à vrai dire qu'un code pénal, ne contient aucune disposition sur les donations entre époux, parmi les rares articles qu'on y rencontre sur le droit civil. Il est probable que les Francs-Saliens avaient, sur cette matière, les mêmes coutumes que leurs voisins les Ripuaires. Mais ce n'est là qu'une conjecture.

Les divergences, ont le voit donc, sont nombreuses dans les monuments divers qui nous sont parvenus du droit barbare. Sans doute, pendant longtemps, les libéralités entre mari et femme furent autorisées chez les Germains. Peu à peu, sous l'influence de la législation romaine, les règles prohibitives de cette législation passèrent dans leurs mœurs et dans leurs lois. Ce changement, du reste, était conforme à la situation de la femme dans la société; car, ainsi que le remarque M. Laboulaye, « puisqu'elle était considérée comme « mineure dans la société, pourquoi eût-on « fait exception aux principes généraux en « faveur du mari qui pouvait abuser de sa « position pour la contraindre à des libéralités « à son profit? »

Cependant, au moyen âge, on trouve encore la trace de la diversité que nous venons de signaler dans les lois des peuples germaniques.

Ainsi le *Conseil* de *Desfontaines* et le Coutumier de Beauvoisis de Beaumanoir, déclarent valables les donations entre époux. « Ce qu'on « peut lessier à estrange personne, dit Desfon- « taines (1), on peut en lessier à un de ses en- « fants et à sa feme meisme. Il est costume « bien approvée (2), dit de même Beaumanoir, « que li home toutes ces cozes dessus dictes, « pot lessier à sa feme et la feme à son sei- « gnour. » Au contraire, les établissements de saint Louis et les Assises de Jérusalem, se montrent plus rigoureux et consacrent même, en l'aggravant, la prohibition de la jurisprudence romaine. « Dame ne peut rien donner « à son seignour... car par avanture elle ne

---

(1) Conseil à un ami, ch. 13.

(1) Cout. de Beauvoisis, ch. 12, 4.

« l'aurait pas fait en bonne volonté. Ainsi li « aurait donné pour qu'il ne li en fit pis ou « par le grant amor qu'il aurait à li, et pour « ce ne li peut ele donner de son mariage, « mes avant qu'ils l'eust pris ils li porrait don- « ner le tiers de son héritage ou à sa mort, « quand elle serait malade, pour qu'il n'y eut « hoir mâle (1) ». — « Bien sachez que uns « home ne peut faire don à sa moulier, puisque « il l'a prise, si il ne le faict à sa mort ou en « son testament et se autrement le faict, ne « vaut rien celui don, pour ce que la chose est « aussi soue comme se ne l'eut ya donnée, et « la puevent recovrer les hoirs dou mort par « droit de tous seaux qui tinront la choze, se « seaux qui la tiennent ne l'ont tenu an et « jour (2). »

Il est à remarquer que hors de France, à la même époque, la plupart des législations admirent les principes rigoureux du droit romain. *Le Miroir de Saxe* (3) en donne le motif : « Dès qu'un homme se marie, il prend « comme légitime tuteur tous les biens de la « femme en saisine. C'est pourquoi la femme « ne peut faire à son époux aucune donation

---

(1) Établissements, ch. 112 et 114.
(2) Cour des Bourgeois, ch. 153.
(3) Art. 31, 2.

« mobilière ou immobilière, au préjudice de « ses héritiers légitimes. La raison est que le « mari ne peut avoir sur les biens de la femme « d'autre saisine que celle qu'il a commencé de « prendre en sa qualité de tuteur. » — « Il ne « faut pas, » dit un vieil auteur anglo-normand traduisant une phrase d'Ulpien, « que le don- « neur remaine pauvre et besogneux par telle « débonnairété. » La loi anglaise, du reste, poussant jusqu'à l'absurde l'unité juridique des deux époux, regardait comme un acte du mari le testament de la femme, et, en conséquence, ne validait pas ce testament. C'eût été, disait-elle, une libéralité que le mari se serait faite à lui-même.

§ 4. — Des seconds mariages.

Les seconds mariages étaient traités avec défaveur dans la Germanie. Les mœurs les réprouvaient, et Tacite relève ce fait pour l'opposer à la faveur dont on les entourait dans la Rome impériale. « Tantum virgines nubunt et « cum spe votoque uxoris semel transigitur. « Unum accipiunt maritum, nec tanquam ma- « ritum sed tanquam matrimonium amant(1). »

(1) Mœurs des Germains, c 19.

Les lois barbares contiennent plusieurs dispositions relatives aux personnes qui se remariaient. La loi salique, entre autres, consacre un de ses titres à la somme que devait payer au plus proche parent mâle du mari décédé, celui qui épousait une veuve. Cette somme, qui s'appelait *reippus*, était le prix du *mundium*, *pretium emptionis viduæ matrimonii causa*. Plus tard, la veuve elle-même reçut le *reippus*. Ce fut alors sa dot. « Si un homme en mourant, dit la loi salique, « a laissé une veuve et que cette « veuve soit recherchée en mariage, il faut, « qu'avant la célébration de ce mariage, le « *tonge* ou le centenier indique une audience. « A cette audience où l'on élèvera en l'air un « bouclier, et où l'on appellera trois causes, « celui qui veut épouser la veuve se présen- « tera avec trois sous d'or ayant exactement « le poids et un denier (*tres solidos æque pen-* « *santes et denarium*) et amènera trois témoins « dont l'emploi sera de vérifier les pièces de « monnaie : après quoi, si elles sont jugées re- « cevables, il épousera la veuve (*viduam acci-* « *piet*). »

Dans la loi lombarde, on voit que la *meta*, le *methium*, autrement dit la *dot*, ne pouvait être pour la femme, en cas d'un second mariage, que la moitié de ce qu'elle aurait pu être pour elle lors d'une première union : « Non viduæ

« pleniter methium dare licet sicut puellæ sed « tantum medium. »

Il n'était pas question, on le conçoit, de *morgengabe*, quand l'épouse se trouvait être une veuve. M. Laboulaye (1) cite une coutume, la coutume d'Altorf, où le *morgengabe*, dans cette circonstance, était remplacé par une donation de la même nature qu'on nommait *abengabe* (*don du soir*). D'ailleurs la femme perdait-elle par le fait de son second mariage le *morgengabe* qu'elle avait reçu de son premier mari? La loi des Bavarois l'en déclarait déchue. Celle des Burgondes, au contraire, le lui laissait, Quand aux autres lois barbares, elles se taisent sur ce point, et c'est ce qui cause l'incertitude des interprètes modernes. Le douaire coutumier restait à la femme remariée. Était-ce un vestige de ce qui avait lieu en général pour le *morgengabe*, ou bien était-ce une règle nouvelle introduite par l'usage et étrangère au *morgengabe*? Les éléments d'une décision certaine ou n'existent pas ou ne nous sont pas connus.

La seule observation qu'il nous reste à faire se rapporte aux donations entre époux pendant le mariage. La loi lombarde, qui permettait aux conjoints de tester l'un au profit de l'autre jusqu'à concurrence de l'usufruit de la moitié

(1) M. Laboulaye, p. 124.

de leurs biens, restreignait cette faculté quand il y avait des enfants d'un lit précédent. « Si « filios aut filias ex alia uxore reliquerit unum « aut duos, possit uxori suæ tertiam partem « ad usumfructum relinquere, et si fuerint tres, « quartam portionem; si fuerint plures, per « hunc numerum computetur. » Ajoutons en terminant que la loi salique, dans le titre 7 des *capita extravagantia*, rappelle la constitution *feminæ quæ* dont nous avons parlé ci-dessus. En cas de convol de la femme survivante, les biens qu'elle avait reçus *donationis causa* de son premier mari, étaient attribués exclusivement aux enfants nés du premier mariage.

SECTION II (1).

Droit coutumier après la rédaction des coutumes.

§ 1er. — Coup d'œil général sur les coutumes.

La matière des libéralités entre époux n'était pas réglée d'une manière uniforme par le droit coutumier. Pothier distinguait quatre classes de coutumes dont les principes, relativement à ces libéralités, étaient entièrement différents.

(1) Pothier, Traité des donations entre mari et femme. — Ricard, Traité des donations.

Il rangeait dans une première classe les coutumes qui défendaient toutes donations, tous avantages directs ou indirects entre mari et femme pendant le mariage, soit par testament, soit entre vifs. Parmi ces coutumes, qui formaient la majorité, on comptait celles de Paris et d'Orléans. Pour la plupart elles apportaient une exception à la défense qu'elles contenaient et permettaient aux conjoints de se faire l'un à l'autre pendant le mariage un don mutuel dont nous ferons plus loin connaître les règles.

Une seconde classe comprenait les coutumes qui prohibaient entre mari et femme, durant le mariage, les donations entre vifs, sauf le don mutuel, mais qui autorisaient les libéralités tertamentaires. Quelquefois les coutumes, celle de Nantes par exemple, exigeaient qu'il n'y eût pas d'enfants pour que le testament fût valable; mais généralement les époux pouvaient se faire des legs, soit qu'il y eût, soit qu'il n'y eût pas d'enfants du mariage. Il en était ainsi à Chartres, à Châteauneuf, à Péronne. Enfin les coutumes de la seconde classe ne s'accordaient pas sur la quotité et la nature des biens que les conjoints avaient droit de se donner par testament. Les unes, comme celles de Péronne, de Dreux, de Chartres et de Châteauneuf, assimilaient la quotité disponible entre époux à la quotité disponible entre personnes étrangères. D'autres, comme celle de Reims, déclaraient licites les legs de meubles et conquêts en propriété et ceux de la moitié en usufruit des acquêts faits avant le mariage. Plusieurs prenaient un parti moyen. Si l'époux mourait sans enfants, elles lui reconnaissaient la faculté de laisser à son conjoint, par acte de dernière volonté, tout ce qu'il aurait pu laisser à un étranger. Au contraire, s'il décédait avec une postérité légitime, sa disposition ne pouvait être qu'une disposition d'usufruit. C'est ce qui avait lieu sous l'empire de la coutume d'Amiens.

Dans la troisième classe se trouvaient les coutumes qui admettaient, non-seulement les donations testamentaires que l'un des époux faisait à l'autre, mais encore les donations entre vifs, sous la condition toutefois que le donateur prédécéderait sans les avoir révoquées. C'était, on le voit, la reproduction du sénatusconsulte de Caracalla. En Touraine, il fallait qu'il n'y eût pas d'enfants du mariage. Cette circonstance était indifférente dans le Poitou.

La quatrième et dernière classe renfermait les coutumes d'après lesquelles, en principe, étaient permises entre époux et non susceptibles de révocation les libéralités entre vifs simples ou mutuelles. Nous dépasserions les bornes de notre travail si nous examinions successivement les restrictions que chacune de ces coutumes avait cru devoir mettre aux libéralités qu'elle validait. Tantôt, comme dans l'Angoumois, la base de la restriction était la nature des biens, propres, meubles ou acquêts. Tantôt on tenait compte de l'existence d'enfants nés du mariage, ou, comme en Auvergne, on distinguait entre l'homme et la femme, permettant d'une part à l'homme de donner à la femme tout ce qu'il voudrait, sauf la légitime de ses héritiers, et d'autre part défendant toute donation de la femme au profit de son mari.

Ici l'on rencontre quelques questions générales qui doivent nous arrêter un instant.

Lorsque la coutume prohibait les donations entre époux par acte entre vifs, et se taisait sur la question de savoir si dans les pays qu'elle régissait la prohibition devait s'étendre aux testaments, que fallait-il décider ?

Pothier pensait avec raison que l'on ne pouvait étendre la prohibition d'un cas à l'autre. Une loi prohibitive, disait-il, pourrait seule restreindre la liberté naturelle que chacun a de tester envers qui bon lui semble. Comment conclure par analogie de ce qui a lieu pour les donations entre vifs, à ce qui doit avoir lieu pour les donations testamentaires ? Les espèces ne se ressemblent pas. La contrainte et les sollicitations, qui sont à craindre dans les donations entre vifs irrévocables, ne le sont pas également dans les libéralités par testament, que le testateur est toujours maître de révoquer quand il les a faites contre son gré ou que sa volonté vient à changer. Du reste, si la coutume de Paris et plusieurs autres interdisaient aux conjoints de tester l'un en faveur de l'autre, celles qui rejetaient cette interdiction étaient en assez grand nombre pour qu'on ne vit pas, dans les premières, le droit commun des pays coutumiers et que par suite on ne se crut pas autorisé à les appliquer hors de leur territoire.

Une difficulté analogue se présentait pour les coutumes qui permettaient, avec certaines restrictions, les donations entre vifs, sans parler des donations testamentaires. On se demandait si les mêmes restrictions existaient pour les donations testamentaires. La négative était encore admise, sauf pourtant dans un cas exceptionnel, lorsque les donations entre vifs se trouvaient licites, *à moins qu'il n'y eût des enfants*. La réserve de la coutume étant alors uniquement dans l'intérêt des enfants, les mêmes raisons de faveur se rencontraient, soit qu'il s'agît de testaments, soit qu'il s'agît d'actes entre vifs: *Ubi eadem ratio et æquitas occurrit, idem jus statuendum est.*

Les règles coutumières sur les donations entre mari et femme étaient-elles des statuts réels ou des statuts personnels? Pothier et Ricard ne s'entendaient pas sur ce point. Selon Ricard, il fallait voir un statut personnel dans la coutume qui prohibait, à Paris, les libéralités entre époux, et, par suite, il fallait frapper de nullité toute disposition à titre gratuit consentie par un conjoint domicilié sous l'empire de cette coutume au profit de l'autre conjoint. Peu importait la situation des biens donnés. Même quand il s'agissait de biens situés dans une province où les époux pouvaient se donner librement, la donation était nulle; car la seule chose à considérer devait être le domicile du conjoint donateur. Les coutumes, permettant les donations en général et les interdisant à l'égard de certaines personnes, ont, disait Ricard, une raison civile et politique qui regarde seulement les personnes et non l'objet de la disposition. Il résulte de la prohibition une simple incapacité personnelle.

Pothier était d'un avis opposé. Les lois qui déterminaient les libéralités que les conjoints pouvaient ou ne pouvaient pas se faire, lui paraissaient des statuts réels. Ce qui avait motivé certaines restrictions, c'était plutôt l'intérêt de la famille qu'une altération survenue dans la capacité des époux. Suivant donc la nature des statuts réels, la loi à laquelle était soumis chacun des biens des conjoints, devait décider s'il leur était permis ou défendu de se le donner l'un à l'autre ; toutefois, quant aux meubles corporels et incorporels qui n'avaient pas de situation, la loi du domicile du conjoint propriétaire les régissait dans les deux systèmes, et, en conséquence, était seule à prendre en considération pour valider ou annuler la donation qui en avait été faite.

Dans les cas où l'on devait tenir compte de la loi du domicile, si par hasard le donateur avait été domicilié successivement dans des provinces diverses, et si les coutumes de ces provinces différaient relativement aux donations entre époux, lequel des domiciles servait de base à l'appréciation de la libéralité ? On distinguait entre les donations par actes entre vifs et les donations par testament. Pour les premières, on appliquait la loi du domicile des époux au jour du contrat, puisque dès ce jour elles avaient toute leur perfection ; les secondes, au contraire, devaient être appréciées d'après la loi du dernier domicile du donateur. Jusqu'à la mort de celui-ci, elles n'étaient à vrai dire que des projets.

Nous avons à examiner une dernière question pour terminer cet aperçu général des dispositions du droit coutumier relatives aux donations entre époux. Pouvait-on déroger, par contrat de mariage à ces dispositions? Pothier répondait à cette question en faisant une distinction. Pour les lois prohibitives, la négative lui semblait incontestable. Les coutumes qui avaient défendu aux époux de se faire des donations avaient, selon lui, regardé cette défense comme d'ordre public, et, par suite, c'eût été aller contre les intentions du législateur que de laisser la faculté d'y échapper par des conventions particulières; toutefois, la coutume de Bourgogne s'était exprimée en sens centraire dans son chapitre 4, art. 7 : « Le mari « et la femme ne peuvent faire traité, dona- « tion, concession, n'autres contrats constant « leur mariage... s'autrement par traité de « mariage il n'était entre eux convenu. » Quant aux lois *permissives*, rien n'empêchait qu'on y dérogeât. « C'est offenser les lois que de se « permettre ce qu'elles défendent; mais ce « n'est pas les offenser que de s'interdire ce « qu'elles permettent (1). »

§ 2. — De la prohibition portée par l'art. 282 de la coutume de Paris.

Art. 282 : « Homme et femme conjoints par

(1) Pothier.

« mariage constant icelui ne se peuvent avan-
« tager l'un l'autre par donation entre vifs,
« par testament ou ordonnance de dernière
« volonté, ne autrement directement ne indi-
« rectement sinon par don mutuel comme
« dessus. »

I. *Des personnes atteintes par la prohibition.*

La prohibition comprenait trois catégories de personnes : 1° les personnes unies par un mariage légitime ; 2° celles dont le mariage était annulable ; 3° celles qui vivaient en concubinage. Quelques explications sont nécessaires à l'égard de ces dernières.

L'adage *don de concubin à concubin ne vaut* était généralement admis par les coutumes. « Il « eût été contre les bonnes mœurs et l'honnê- « teté publique que ces personnes pussent re- « cevoir par des donations la récompense de « leur mauvais commerce (1). » Plusieurs coutumes, comme celle de Tours, tout en permettant les libéralités entre mari et femme, les interdisaient expressément entre concubins. L'ordonnance de Louis XIII, rendue en 1629, étendit à toute la France les dispositions prohibitives du droit coutumier.

(1) Pothier.

La prohibition n'atteignait pas les dons modiques et pour cause d'aliments; mais elle durait même quand le concubinage avait cessé. Cependant, si les concubins venaient à se marier, « la dignité du mariage effaçait la honte « du mauvais commerce qu'ils avaient eu dans « le passé, et les rendait capables de se faire « des donations par contrat de mariage. » Toutefois le juge avait le droit de réduire ces donations s'il les trouvait excessives.

II. *Des libéralités comprises dans la prohibition.*

Les donations en pleine propriété, celles qui consistaient dans un usufruit ou une simple possession, la remise gratuite d'une obligation, la renonciation à une servitude, la restitution anticipée de la dot, constituaient, comme à Rome, des libéralités prohibées. Les legs et autres dispositions testamentaires ne se trouvaient pas exceptés de la prohibition par la coutume de Paris. Quant au payement d'une dette non échue, au commodat, aux petits présents d'usage, à l'abandon d'un droit de gage ou d'hypothèque, les jurisconsultes coutumiers, à l'exemple des jurisconsultes romains, déclaraient licites tous ces avantages. Les donations qui n'enrichissaient pas le donataire étaient aussi permises; mais on se montrait plus rigoureux que le Digeste pour l'appréciation de l'enrichissement. Il y avait enrichissement, d'après Pothier, aussi bien si le donataire avait accru son patrimoine que si, par suite de la libéralité, il avait échappé à un appauvrissement : *locupletior est quatenus propriæ pecuniæ pepercit.* Par application de ce principe, la femme qui fournissait à son mari la somme nécessaire pour l'acquisition d'un office, lui faisait une donation prohibée. L'on décidait de même pour le mari qui donnait à sa femme ce dont elle avait besoin pour reconstruire sa maison incendiée. Ulpien et Paul, dans ces espèces, arrivaient à des conclusions contraires en partant du principe : *non fit locupletior quod non expendit.*

L'époux donateur ne pouvait pas se soustraire à la défense de la coutume en faisant intervenir dans l'acte de donation ses héritiers présomptifs, et en obtenant d'eux qu'ils n'attaqueraient pas la libéralité. Cela tenait à ce que souvent la ratification des héritiers « n'aurait « pas été libre, mais extorquée par la crainte « qu'on leur eût inspirée d'être privés par « d'autres voies de la succession, s'ils refusaient « de consentir à ce qu'on leur demandait » (1). *Et bene*, disait Dumoulin, *quia videtur consensus*

(1) Pothier.

extortus, qui alias donaret aliis extraneis. La coutume de Bourgogne s'était écartée de cette règle. Elle défendait les donations entre époux, « si ce n'est du consentement des plus pro- « chains parents vivants qui devaient succéder « au mari ou à la femme qui feraient les dicts « traités. »

Les dispositions testamentaires étaient proscrites entre conjoints avec tant de rigueur par la coutume de Paris, qu'on annulait même celles antérieures au mariage. Dumoulin nous l'atteste dans son commentaire sur l'ancienne coutume de Paris, et Pothier confirme cette décision. Nous voyons aussi, par ces deux auteurs, qu'on ne permettait pas à un mari de concéder à sa femme, par son testament, le simple droit de choisir, dans la communauté, le bien qu'elle préférerait, sauf à indemniser ses copartageants. « Ce choix, cette préférence constituait une es- « pèce d'avantage qui, s'il n'avait pas une va- « leur pécuniaire, avait au moins une valeur « et un prix d'affection, ce qui paraissait suffi- « sant pour l'interdire (1). *Si vir leget uxori, quod* « *possit domum talem communem conquæstum,* « *etiam nedum propriam viri habere pro pretio,* « *vel in partem suam dividendo conquæstus, alia* « *quædam relinquendo, non valet* » (2).

(1) Pothier.

(2) Dumoulin.

III. *Sanction de la prohibition.*

1er Cas. ***Donation d'immeubles suivie de tradition.*** — Malgré la tradition, la propriété n'était pas transférée. L'époux donateur, ses héritiers du sang, ses successeurs universels, pouvaient agir en revendication des objets donnés, sans qu'ils eussent besoin de lettres de rescision. La loi elle-même frappait la donation de nullité. Non-seulement le donataire, mais les tiers acquéreurs eux-mêmes étaient exposés à se voir évincés. Notons, cependant, que ces derniers prescrivaient par dix, vingt ou trente ans, suivant les cas, tandis que le donataire se trouvait incapable d'invoquer la prescription à quelque époque que ce fût. L'immeuble devait être délaissé avec tout ce qui y avait été uni et en faisait partie, à la charge, néanmoins, de rembourser au possesseur ses impenses jusqu'à concurrence de la plus-value. En cas de dégradation, il fallait faire une distinction. Si l'action était dirigée contre le donataire, on avait le droit de le faire condamner à des dommages-intérêts, car en recevant indûment l'immeuble il avait contracté l'obligation de ne pas le dégrader; si c'était, au contraire, contre un tiers acquéreur de bonne foi, ce tiers acquéreur n'était pas tenu des dégradations antérieures à la revendication, à moins qu'il n'en eût profité. Une autre différence existait entre le donataire et les tiers acquéreurs relativement aux fruits à restituer. La restitution des fruits perçus avant la demande n'était exigée que du donataire, de ses héritiers et des possesseurs de mauvaise foi. Pour eux, le droit coutumier se montrait plus sévère que le droit romain et ne leur laissait même pas les fruits industriels *pro cultura et cura.* On les considérait comme n'ayant aucun titre pour percevoir les fruits des fonds donnés, quelle qu'en fût la nature. L'action en restitution de ces fruits s'éteignait par le laps de trente ans; mais la prescription ne courait pas du vivant du donateur.

Le donataire était sous le coup d'une action personnelle, en même temps que sous le coup de l'action réelle dont nous venons d'indiquer les effets. Cette action personnelle, que Pothier appelait action *in factum, à défaut d'autre nom,* était utile quand un tiers possédait l'objet de la donation, et surtout quand il l'avait usucapé.

2e Cas. *Donation de meubles corporels ou d'une somme d'argent suivie de tradition.* — Si les meubles livrés se trouvaient encore en nature dans la possession du donataire ou de ses héritiers, ils pouvaient être revendiqués, même après le temps habituel de la prescription des choses mobilières. Si le possesseur actuel était un tiers acquéreur, la revendication pouvait également être exercée contre lui, sauf en deux cas spéciaux : 1° quand il avait acheté les meubles dont il s'agissait, soit à une vente judiciaire, soit sur une foire ou dans un marché public ; 2° quand il les avait déjà usucapés. Dans le premier cas, la revendication était toutefois permise quand le donateur offrait de rembourser le prix d'achat.

Toute action était impossible contre le donataire ou les tiers lorsque les meubles avaient péri par quelque accident fortuit : *res peribat domino*. S'ils avaient été consommés par le donataire, on s'écartait du droit romain qui, en telle circonstance, le regardait comme uniquement obligé, *quatenus locupletior factus erat*. L'ancienne jurisprudence présumait, au contraire, qu'il avait profité des objets consommés jusqu'à concurrence de leur valeur, et en conséquence donnait action contre lui pour toute cette valeur.

3e CAS. *Donation de choses incorporelles suivie de quasi-tradition.* — La quasi-tradition ne transférait pas au donataire la propriété de la chose incorporelle. Par exemple le mari donateur demeurait propriétaire de la créance qu'il avait donnée à sa femme et dont il avait signifié la cession au débiteur. Néanmoins, quand le débiteur, se conformant aux ordres de son créancier, payait entre les mains de la femme, le payement était valable à son égard. Il y avait pour lui libération complète; mais la femme ne devenait pas pour cela propriétaire des objets qu'elle avait reçus. On considérait le payement comme ayant été fait au mari.

Dans le cas d'une servitude constituée par un époux au profit de son conjoint et librement exercée par ce conjoint, l'effet de la prohibition consistait dans l'annulation radicale de la constitution de cette servitude, et dans l'impossibilité où se trouvait le donataire d'invoquer l'usucapion, quelque long qu'eût été l'exercice de son droit.

4e CAS. *Donation consistant dans une promesse non suivie de tradition.* — L'époux donateur qui avait fait la promesse n'était nullement obligé par cette promesse. On ne pouvait le forcer à l'exécuter, et, en cas d'exécution volontaire de sa part, on lui accordait la répétition de tout ce qu'il avait indûment payé. Ses héritiers étaient traités moins favorablement. Le payement qu'ils effectuaient se trouvait inattaquable comme ayant une cause licite. « La fidélité qu'a un héritier à « exécuter les volontés du défunt, quoique la « loi ne l'y oblige pas, est louable, disait Po- « thier, et est une cause honnête du payement « qu'il a fait. La loi ne défend pas moins au

« conjoint le payement que la promesse; mais « la défense de la loi ne s'appliquant qu'à la « personne du conjoint, son héritier, à qui la « loi n'a fait aucune défense, a pu valablement « faire ce payement. »

5e CAS. *Donations testamentaires.* — Les donations de cette nature ne conféraient aucune action en délivrance des legs. Remarquons seulement, comme au paragraphe précédent, que rien ne s'opposait à ce que les héritiers du testateur, par respect pour ses dernières volontés, s'acquittassent de la disposition mise à leur charge.

6e CAS. *Donations indirectes.* — Les coutumes, plus rigoureuses en cela que les lois romaines, ne permettaient pas aux époux de faire entre eux, même des contrats à titre onéreux, si ce n'est en cas de nécessité bien justifiée; *nullum contractum etiam reciprocum facere possunt, nisi ex necessitate.* Ce sont les propres paroles de Dumoulin. Pour qu'il en fût ainsi, il n'était pas nécessaire que la coutume s'en expliquât. Du moment que les donations entre époux étaient interdites, l'interdiction s'étendait de plein droit aux autres conventions. Néanmoins plusieurs coutumes, celles de Bourbonnais, de Normandie, de Nivernais, avaient cru devoir le dire formellement.

Il arrivait souvent que des actes, sans s'annoncer comme donations, continssent cependant des avantages ostensibles. Ces actes étaient innombrables; nous nous bornerons à indiquer ceux sur lesquels la jurisprudence coutumière ne se trouvait pas entièrement d'accord avec le droit romain.

A Rome, nous nous le rappelons, lorsqu'un époux avait une servitude sur l'héritage de son conjoint, s'il n'en usait pas pendant le temps légal dans le but d'en décharger le fonds servant, la servitude était éteinte, mais son rétablissement pouvait être obtenu. « Puto amitti servitutem » disait Ulpien dans un texte déjà cité; « verum post divortium condici posse. » Pothier trouvait plus simple de décider « que « le temps de la prescription par laquelle s'é« teignaient les servitudes n'avait pas couru « pendant le mariage » et qu'en conséquence la servitude durait malgré le non-usage.

Les lois romaines, nous le savons encore, ne voyaient pas dans les renonciations à succession, ni dans les répudiations de legs qu'un époux faisait dans l'intérêt de l'autre époux, des avantages prohibés. La raison en était que l'époux renonçant *donationis causa* ne s'appauvrissait pas, mais simplement manquait une occasion de s'enrichir. « Non pauperior fit qui « non acquirit, sed qui de patrimonio suo « deponit. » Il y avait dans cette distinction, suivant la remarque de Pothier, plus de subtilité que de solidité. « Il est vrai, » disait ce jurisconsulte, « que les choses mêmes qui « composent la succession à laquelle j'ai re- « noncé ou le legs que j'ai répudié ne m'ont « jamais appartenu, mais le droit de recueillir « cette succession ou ce legs est un droit qui « m'a appartenu, lorsque cette succession ou « ce legs m'a été déféré. En perdant volontai- « rement ce droit, j'ai diminué mon bien d'au- « tant. » Pothier toutefois ne rejetait pas dans ces deux espèces la décision du Digeste. Il l'adoptait quand il s'agissait d'une répudiation de legs; car alors, selon lui, le mari, par exemple, qui faisait cette répudiation n'avait pas tant en vue d'avantager sa femme que de laisser aller le cours naturel des choses et ne pas priver celle-ci d'une partie des biens de la succession que la loi lui déférait. Au contraire, losqu'un époux renonçait à une hérédité pour la faire passer à son conjoint, on ne pouvait interpréter de la même manière l'intention de cet époux; aussi voyait-on dans sa renonciation une libéralité interdite.

Il nous reste à parler d'une dernière classe de donations indirectes, les donations par personnes interposées. Elles étaient, comme à Rome, prohibées entre époux; mais, à la différence de ce qui avait lieu dans le droit romain, l'interposition de personnes, dans le droit coutumier, se présumait en certains cas.

D'après l'article 283 de la coutume de Paris, quand un époux donnait aux enfants que son conjoint avait d'un précédent mariage, l'on ne présumait l'interposition, et par suite l'on n'annulait la donation que si cet époux donateur se trouvait avoir lui-même des enfants. Dans les coutumes du reste de la France, qui prohibaient les libéralités entre mari et femme, l'on ne faisait pas cette distinction. Soit que le disposant eût ou n'eût pas de postérité, la donation qu'il consentait au profit des enfants d'un premier lit de son conjoint était censée consentie au profit de ce conjoint, et comme telle frappée de nullité. Les coutumes d'Auvergne et du Bourbonnais allaient encore plus loin, et regardaient les donations faites par un époux à des personnes dont l'autre époux était héritier présomptif, comme réellement faites à ce dernier.

Mais que décidait-on lorsque le donataire était le père, la mère, ou tout autre ascendant du conjoint du donateur? La question était controversée. Suivant Pothier, l'on ne devait pas déclarer valable la donation, car le droit coutumier comme le droit romain considéraient les descendants qui succédaient à leurs ascendants comme se succédant pour ainsi dire à eux-mêmes, *quasi succedant in bona quæ jure erant sua*. Toutefois, plusieurs arrêts s'étaient prononcés en sens contraire.

§ 3. — Du don mutuel entre époux.

1. *Origine du don mutuel.*

Le don mutuel entre époux, que la plupart des coutumes entouraient d'une faveur toute particulière, remontait au droit germanique. La loi des Ripuaires y consacrait un titre spécial sous le nom d'*adfatimus*, *affatomie*. Seulement, elle ne le permettait que si les époux n'avaient pas d'enfants, et encore, en ce cas, ne pouvait-il consister qu'en usufruit. Peu à peu l'usage s'établit entre les conjoints de se faire des libéralités mutuelles beaucoup plus larges. Nous en trouvons la preuve dans les formules et les diplômes qui nous sont restés de l'époque franque. Les Gallo-Romains, comme les Francs, avaient adopté cette institution nouvelle, et Marculfe nous a conservé le double modèle du don mutuel suivant qu'il avait lieu entre époux de la race conquérante ou entre époux de la race conquise.

Lorsque le droit romain et le droit germanique se furent mêlés et confondus dans le droit coutumier, le don mutuel demeura permis par la législation. « Possumus, » disait *le grand coutumier*, « invicem facere donationem mutuam « omnium bonorum quia quidem donatio valet « et tenet non exstantibus liberis, alias non. » Suivant Desmares : « Homs et femes conjoincts « par mariage ne peuvent rien donner l'un à « l'autre en leur testament par voie directe, « combien qu'ils puissent faire entre vifs don « mutuel de leurs meubles et conquêts, et « non autrement. » Enfin Bouteillier, dans sa *Somme rurale*, posait la même exception au principe de la prohibition des donations entre époux. « Mais par autre raison se puevent faire « dons et amendemens entre dessusdicts mari « et femme, que laiement on appelle revestissemens et aussi est ainsi appelé parce qu'autant « en amende l'un que l'autre. »

Le don mutuel se retrouve presque partout dans les coutumes rédigées. Pothier cependant en cite quelques-unes où il était prohibé. « Don « mutuel n'a point lieu, » disait la coutume de Chartres, « et ne peuvent deux conjoints par « mariage se donner aucune chose l'un à l'autre. » En Auvergne et en Normandie les coutumes interdisaient également le don mutuel. Sous l'empire des autres coutumes, il était permis en principe. Mais les cas dans lesquels on l'autorisait, les conditions qu'il devait remplir pour être valable, les effets qu'il produisait, variaient suivant les provinces. Nous étudierons spécialement les dispositions de la coutume de Paris relatives au don mutuel, en ayant soin d'y rattacher les dispositions les plus remarquables que contenaient les coutumes du reste de la France.

II. *Du don mutuel d'après la coutume de Paris.*

« Homme et femme, » disait la coutume de Paris en son art. 280 : « conjoints par mariage, étant « en santé, peuvent et leur loist faire donation « mutuelle l'un à l'autre, également de tous « leurs biens meubles et conquêts faits durant « et constant leur mariage, et qui sont trouvés « à eux appartenir et être communs entre eux, « à l'heure du trépas du premier mourant des- « dits conjoints, pour en jouir par le survivant « d'iceux conjoints, sa vie durant seulement, « en baillant par lui caution suffisante de res- « tituer les biens après son trépas, pourvu qu'il « n'y ait enfants soit des deux conjoints, ou de « l'un d'eux, lors du décès du premier mou- « rant. »

Comme le don mutuel était la seule espèce des donations entre époux autorisée par la coutume de Paris, nous croyons devoir entrer dans quelques détails sur sa nature, ses caractères, les personnes entre lesquelles il était permis, les choses qu'il pouvait comprendre, ses formes, ses effets, ses charges et ses modes d'extinction.

1° *Nature et caractères du don mutuel.*

« Le don mutuel entre époux pouvait se définir,
« d'après Pothier, un don entre vifs égal et ré-
« ciproque, que deux conjoints par mariage
« se faisaient l'un à l'autre, à défaut d'enfants
« et en cas de survie, de l'usufruit des biens
« de leur communauté, aux charges portées
« par les coutumes. » Cette définition conduisait naturellement les jurisconsultes à se demander si c'était là une véritable libéralité, si ce n'était pas plutôt un contrat intéressé de part et d'autre, de la classe des contrats aléatoires. Ricard adoptait ce dernier point de vue. Le don mutuel en effet, observait-il, ne contenait aucun avantage pour l'un des conjoints. Chacun recevait autant qu'il donnait. Pothier n'était pas de cet avis et pensait que pour déterminer la nature d'un acte, il fallait principalement considérer l'intention des parties contractantes. Or, lorsqu'un mari et une femme se consentaient un don mutuel, ils y étaient portés par leur mutuelle affection, et voulaient réciproquement s'avantager.

Les caractères essentiels du don mutuel étaient au nombre de trois : 1° l'irrévocabilité;

2° l'égalité dans les choses données; 3° l'égalité dans les espérances que les époux pouvaient avoir d'en profiter.

De l'irrévocabilité.—Le don mutuel se trouvait irrévocable aussitôt qu'il était fait, c'est-à-dire, que dès ce moment la volonté d'un des donateurs ne suffisait plus pour le révoquer. Mais à la différence de ce qui avait lieu pour le don mutuel par contrat de mariage, rien n'empêchait sa révocation, si les deux conjoints tombaient là-dessus d'accord. Cette révocation devait se faire dans les formes exigées pour le don mutuel lui-même, par acte passé devant notaires, avant la dernière maladie de l'une des parties. Il n'y avait de controverse que relativement à la formalité de l'insinuation.

L'irrévocabilité du don mutuel, dans le sens où nous venons de l'expliquer, était de l'essence de ce don mutuel. Si donc, par une clause expresse, la faculté de révoquer avait été réservée par l'un des époux, la coutume annulait non-seulement la clause, mais encore le contrat dans son entier. On allait même plus loin, car on prohibait d'une manière générale toute réserve de la part du mari ou de la femme, ayant pour but de leur laisser le pouvoir de porter quelque atteinte à la libéralité, ou d'en diminuer l'effet. C'est ainsi que, contrairement à l'opinion de Lemaistre, Pothier et la plupart des auteurs frappaient de nullité le don mutuel, quand les parties ou l'une d'elles avaient voulu retenir le droit de disposer par testament des objets qui y étaient compris. Ajoutons cependant que les époux pouvaient excepter du don mutuel une certaine somme jusqu'à concurrence de laquelle ils resteraient maîtres de tester, mais cette somme devait, dans tous les cas, demeurer en dehors du don mutuel.

Les règles précédentes n'étaient pas spéciales à la coutume de Paris ; elles formaient le droit commun de la France coutumière. Pothier mentionne toutefois quelques coutumes dont les principes étaient différents.

Égalité des choses données. — Cette égalité était, d'après la coutume de Paris, la seconde condition essentielle pour la validité du don mutuel entre mari et femme. Quand elle faisait défaut, on ne réduisait pas la donation excessive, mais on annulait entièrement le don mutuel. Toutefois certaines coutumes, comme celle de la Marche, se montraient moins rigoureuses et se bornaient à une réduction. Il y en avait aussi qui n'exigeaient pas dans le don mutuel une égalité parfaite dans la valeur des objets donnés de part et d'autre, et qui se contentaient de demander que ces objets fussent de la même espèce, c'est-à-dire fussent des propres ou des acquêts.

Egalité d'espérance. — Pour que le don mutuel fût valable, il fallait que chaque époux eût l'espérance de survivre à son conjoint et de profiter de la libéralité ; autrement ce n'eût plus été une donation mutuelle, c'eût été une donation simple. Les coutumes s'accordaient sur le principe, mais non sur l'étendue que devait recevoir ce principe. Ainsi quelques-unes, comme celle de Bar, requéraient dans les époux une égalité ou une presque égalité de probabilité dans l'espérance de survie. Le don mutuel n'était permis que si les époux se trouvaient égaux ou presque égaux en âge. D'après la coutume de Paris, d'accord en cela avec la plupart des coutumes, il suffisait que les conjoints, en se faisant le don mutuel, eussent pu avoir quelque espoir de se survivre l'un à l'autre, quand bien même l'espoir de l'un eût eu plus de probabilité que celui de l'autre.

Le mari et la femme devaient être en santé au moment du don mutuel. Mais comment entendre ces mots *être en santé*, dans les coutumes de Paris et en général dans les coutumes qui ne s'expliquaient pas ? Signifiaient-ils que l'exemption de toute maladie, quelque légère qu'elle fût, était nécessaire ? Les auteurs repoussaient unanimement cette interprétation. Suivant Lemaître il fallait décider que le don mutuel valait, à moins qu'il n'eût été fait durant la dernière maladie du conjoint prédécédé. Pothier, dont l'opinion était généralement partagée, n'était pas de cet avis et pensait que ni l'un ni l'autre époux ne devait, quand il consentait le don mutuel, être atteint d'une maladie qui le mît en danger de mort.

Le don mutuel nul, parce qu'il avait eu lieu entre époux dont l'un était malade, revivait-il quand cet époux après sa convalescence ne le révoquait pas ? Duplessis le soutenait. Ricard admettait aussi la possibilité de cette ratification, *ex tacito novo consensu*. La nullité dont on frappait le don mutuel n'était pas, selon lui, une nullité absolue, mais une nullité fondée sur ce qu'on le présumait fait *contemplatione mortis*, de sorte que cette présomption tombait par suite du défaut de révocation. Pothier repoussait cette décision et voyait dans le don mutuel fait en de telles circonstances, un acte fait dans un temps où les conjoints n'avaient pas le droit de le faire, et par cette raison non susceptible de confirmation.

2° *Des personnes entre lesquelles le don mutuel était possible.*

La coutume de Paris, en se servant de ces termes : *homme et femme conjoints par mariage*, indiquait la première relation qui devait exister entre deux personnes, pour que le don mutuel fût possible entre elles. Il fallait qu'elles fussent unies par les liens d'un mariage légitime ou du moins d'un mariage putatif productif de tous les effets civils à raison de la bonne foi des contractants. S'il s'agissait d'un mariage nul et dépourvu d'effets civils, le don mutuel antérieur à l'annulation du mariage devenait caduc ; car, ainsi que l'observait Ricard, on devait, dans le don mutuel, considérer l'intention des parties. Or sans nul doute leur intention avait été de se donner en vue du mariage qui les unissait. On aurait donc eu tort de s'arrêter à l'objection spécieuse de certains jurisconsultes qui raisonnaient de la manière suivante : « Les époux apparents, disaient-ils, par le jugement qui prononce la nullité de leur union sont réputés avoir toujours été personnes étrangères l'une à l'autre. Le don mutuel qu'ils se sont fait n'en doit être que plus valable, les donations étant plus permises entre personnes étrangères qu'elles ne le sont entre mari et femme. » Pothier répondait par cette seule observation : que ce n'était pas comme personnes étrangères que les époux apparents avaient voulu s'avantager réciproquement. Du reste, l'ordonnance de 1731 mit fin à la controverse en prohibant les donations entre vifs des biens que le donateur aurait à son décès, à moins qu'elles ne fussent faites par contrat de mariage ou entre mari et femme par don mutuel.

Le droit de se faire un don mutuel était pour les conjoints un effet de leur communauté de biens, un avantage que la coutume leur accordait en considération de cette communauté, comme une récompense de leur commune collaboration. Il en résultait que s'il n'y avait pas de communauté, par exemple, dans le cas de séparation de biens ou d'exclusion de communauté, le don mutuel devait être et était impossible.

La plupart des coutumes n'autorisaient le don mutuel que si les époux n'avaient point d'enfants, et généralement elles s'exprimaient en ces termes : *homme et femme conjoints par mariage non ayant enfans*. On se demandait alors à quelle époque il fallait qu'il n'y eût pas d'enfants ? était-ce à la date du don mutuel ou à la mort du premier mourant des deux époux ? La question se présentait sur l'article 155 de l'ancienne coutume de Paris, et Dumoulin décidait que l'absence d'enfant à la seconde époque était suffisante, puisque la disposition restrictive de la coutume avait pour seul but de sauvegarder les intérêts des enfants héritiers de l'époux prédécédé. La coutume réformée adopta cette interprétation, que du reste on étendit à toutes les coutumes équivoques sur ce point.

La présence d'enfants du donataire comme celle d'enfants du donateur rendait nul le don mutuel. C'est qu'en effet l'une des deux donations comprises dans le don mutuel ne pouvait être valable qu'autant que l'autre eût pu l'être en cas de prédécès de l'époux survivant. Il devait en être ainsi pour que la réciprocité fût parfaite entre les deux conjoints.

Nous devons dire, en terminant ce paragraphe, que la minorité des conjoints et l'incapacité où ils se trouvaient ainsi d'aliéner, ne mettaient pas obstacle aux dons mutuels qu'ils voulaient se faire : « Quia est negotium utri« que utile, non continens alienationem sed me« liorem conditionem. » (1) On en disait autant de l'interdiction pour cause de prodigalité. Enfin la qualité d'étranger naturalisé n'ôtait pas aux époux la faculté de se donner mutuellement. Le don mutuel était, en effet, aux yeux de la loi un acte du droit des gens.

3° Des choses que pouvait comprendre le don mutuel entre époux.

Il y avait à ce sujet une grande divergence parmi les coutumes. D'après les unes, le don mutuel pouvait comprendre les meubles, les acquêts et les conquêts. Suivant d'autres, les époux

---

(1) Dumoulin.

avaient droit de se donner à ce titre, même une partie de leurs propres. A Paris et à Orléans, les biens de la communauté étaient seuls susceptibles d'être conpris dans le don mutuel, et encore uniquement quant à l'usufruit. « Pour « régler, » disait Pothier, « ce qui doit compo- « ser le don mutuel, on doit faire une masse de « tous les effets qui se trouvent composer la « communauté au temps de la mort du prédé- « cédé, à laquelle masse, dans le cas auquel « chacun desdits conjoints, ou l'un d'eux, se « trouverait débiteur pour récompense de plus « qu'il ne lui est dû pour ses reprises, chacun « desdits conjoints, ou l'un d'eux, doit rappor- « ter et ajouter la somme dont il se trouve dé- « biteur envers la communauté, déduction « faite de ce qui lui est dû par la communauté, « de même que dans le cas contraire, lorsque « chacun des conjoints ou l'un d'eux serait « créancier de ladite communauté plus qu'il ne « lui doit, chacun des conjoints doit prélever « sur cette masse la somme dont il est créan- « cier de la communauté, déduction faite de ce « qu'il doit à la communauté. C'est la part que « la succession du prédécédé a dans cette masse « ainsi augmentée par lesdits rapports, ou di- « minuée par lesdits prélèvements, dont le don « mutuel du survivant doit être composé. »

Lorsque les époux se donnaient mutuellement plus que ne permettait la coutume, le don mutuel était entièrement nul, ainsi que nous l'avons dit plus haut. Il en était de même lorsqu'on y faisait entrer des choses qu'il ne pouvait pas comprendre.

4° Des formes du don mutuel.

Le don mutuel se faisait devant notaire, en minute et par un seul et même acte. La forme sous seing privé eût permis aux conjoints de l'antidater et de le faire ainsi durant la dernière maladie de l'un d'eux. D'autre part, le défaut de minute eût laissé au mari le pouvoir d'anéantir sans le consentement de la femme l'acte constatant le don mutuel. Enfin, la nécessité d'un seul et même acte était destinée à conserver au don mutuel son caractère essentiel de mutualité. Ricard pensait néanmoins que le don mutuel était valable quoique fait en deux actes séparés, s'ils se référaient l'un à l'autre.

La plupart des coutumes assujettissaient à l'insinuation le don mutuel. Il n'y avait guère d'exception que pour la coutume de Poitou, dans laquelle les donations mutuelles se trouvaient plutôt assimilées aux donations à cause de mort qu'aux donations entre vifs. Une déclaration royale de 1621 fit rentrer cette coutume dans le droit commun.

L'ordonnance de 1741 dispensait le don mutuel de toutes les formalités autres que l'insinuation et la passation du contrat devant notaires. C'est ainsi qu'à la différence de ce qui avait lieu pour les donations ordinaires, l'acceptation expresse du donataire n'était pas exigée.

5° *Des effets du don mutuel.*

« Un don mutuel » disait l'art. 284 de la coutume de Paris, « de soi ne saisit, ains est sujet à délivrance. »

Cette disposition était de rigueur. On annulait toute clause de constitut et de précaire pour laquelle un époux se serait dessaisi envers son conjoint des choses comprises dans le don mutuel, en ne les retenant que précairement et au nom du donataire. D'autres principes régissaient le don mutuel par contrat de mariage. La saisine avait lieu de plein droit du jour de la mort du prédécédé.

L'époux survivant qui voulait profiter du don mutuel devait, d'après l'art. 285, fournir *caution suffisante*. Tant qu'il n'avait pas satisfait à cette obligation, il était privé des fruits. Il était défendu aux conjoints de se dispenser de fournir caution, quand ils se faisaient un don mutuel, à moins que ce ne fût par contrat du mariage. Toutefois, comme la clause qui contenait dispense de fournir caution ne touchait pas à la substance du contrat, *non versabatur circa substantiam contractus*, on se bornait à la regarder comme non-avenue et on laissait subsister la libéralité.

6° *Des charges du don mutuel.*

Le don mutuel entre époux portait, nous l'avons déjà dit, sur la part de l'époux prédécédé dans l'actif de la communauté, ou sur une fraction de cette part. Il était équitable alors que le donataire payât une portion des dettes communes correspondante à celle qu'il prenait dans les biens communs. Le principe, *non sunt bona nisi deducto ære alieno*, devait s'appliquer toutes les fois qu'il s'agissait d'une donation ayant pour objet une universalité. Mais comme le donataire mutuel n'avait qu'un simple usufruit, on mettait uniquement à sa charge les intérêts des dettes. Il avançait donc aux créanciers le montant de ce qui leur était dû, et ses héritiers ou lui-même, quand l'usufruit finissait, retenaient une somme égale sur les biens sujets à restitution.

Quoique le donataire mutuel ne fût tenu en aucune manière des dettes propres du prédécédé, tant que la délivrance des choses données n'avait pas eu lieu, les créanciers de ces dettes pouvaient les saisir et les faire vendre, sauf au donataire mutuel à recourir contre les héritiers de son conjoint, pour être indemnisé par eux. Mais, dès que la délivrance était accomplie, la saisie cessait d'être possible, et le seul droit des créanciers consistait à arrêter entre les mains du donataire usufruitier la somme qu'il aurait à rendre à l'expiration de sa jouissance.

Ajoutons que les frais des obsèques et funérailles du prémourant devaient être avancés par le donataire mutuel, quoique les créanciers ce ces frais n'eussent jamais été créanciers de la communauté. Il était en outre soumis aux charges ordinaires de l'usufruit.

Nous ferons enfin remarquer que d'après la coutume de Paris, le donataire mutuel n'était pas tenu d'acquitter les legs et autres dispositions testamentaires; cela résultait de la nature même du don mutuel. L'irrévocabilité était en effet un des caractères essentiels de ce genre de libéralités, et ne permettait pas que les donateurs pussent y porter atteinte par des testaments que les donataires seraient forcés d'exécuter.

7° *De quelle manière s'éteignait le don mutuel.*

Toutes les causes d'extinction de l'usufruit

ordinaire s'appliquaient à l'usufruit du donataire mutuel. En général il n'y en avait pas de spéciales pour lui. Dans quelques coutumes exceptionnelles seulement le convol du donataire à un nouveau mariage entraînait la perte de son droit de jouissance. A Paris, pour qu'il en fût ainsi, une clause formelle du contrat était nécessaire. On ne se contentait même pas de la mention dans l'acte *que les parties s'étaient fait le don mutuel pour aider au survivant à vivre pendant sa viduité*. Pothier voyait uniquement dans cette mention, *l'énonciation de la cause impulsive qui avait porté les parties à faire le don mutuel*. Or, on était unanime pour admettre que l'énonciation de la cause impulsive ne formait point une condition dans les dispositions entre vifs ou testamentaires.

III. *Du don mutuel dans le contrat de mariage des enfants, d'après la coutume de Paris.*

« Père et mère mariant leurs enfants » disait la coutume de Paris en son art.281, « peuvent « convenir que leurs dits enfants laisseront « jouir le survivant des dits pères et mères, « des meubles et conquêts du prédécédé, la vie « durant du survivant, pourvu qu'ils ne se re- « marient, et n'est réputé tel accord avantage « entre les dits conjoints. »

C'était pour les époux un nouveau mode de se faire le don mutuel des biens communs, et la coutume, en le permettant, avait eu pour but d'encourager les pères et mères à établir par mariage leurs enfants. On considérait ce don mutuel comme une compensation de la dot dont ils se dessaisissaient de leur vivant. Nous nous bornerons à signaler la principale différence qui existait entre le don mutuel et celui que nous avons étudié dans la précédente section.

Le don mutuel ordinaire n'était pas soumis à la condition que le survivant ne se remarierait pas. Au contraire, celui que les époux se faisaient dans les formes de l'art. 281, se trouvait résolu en cas de second mariage. Suivant certains jurisconsultes, la résolution devait même avoir un effet rétroactif, et non-seulement l'époux remarié perdait pour l'avenir l'usufruit des biens donnés, mais encore était tenu de rendre les fruits et intérêts perçus pendant son veuvage. Pothier rejetait cette doctrine, qui lui paraissait une extension de la coutume contraire à son texte et à son esprit.

La disposition de l'art. 281 de la coutume de Paris ne se retrouvait pas dans les autres coutumes. Si donc, sous l'empire de l'une de ces coutumes, des conjoints, en mariant un de leurs enfants et lui constituant une dot, lui interdisaient, par une clause de son contrat de mariage, de provoquer le survivant à aucun inventaire ou partage lors de la dissolution de la communauté, cette clause n'empêchait, à cette époque, ni l'inventaire ni le partage. Toutefois, comme l'enfant, en réclamant sa part dans les biens communs, manquait à la condition sous laquelle une dot lui avait été constituée, on décidait qu'il devait imputer sur la succession du prédécédé qu'il était appelé à recueillir, tout ce qu'il avait reçu à titre de dot.

CHAPITRE II.

DES DONATIONS ENTRE ÉPOUX DANS LES PAYS DE DROIT ÉCRIT.

Le droit romain s'était maintenu dans les provinces méridionales de la France. Aussi, voyons-nous que, quant aux donations entre époux, les principes en vigueur dans ces provinces se trouvaient être ceux du Digeste et du Code, c'est-à-dire l'ancienne prohibition mitigée par le sénatusconsulte de Caracalla. Au XVIIIe siècle on agita la question de savoir si ce sénatusconsulte n'avait pas été abrogé par l'ordonnance de 1731, dont l'art. 3 portait : « Qu'il « n'y aurait, à l'avenir, en France, que deux « formes de disposer de ses biens à titre gratuit,

« dont l'une, celle des donations entre vifs, et « l'autre, celle des testaments ou codicilles. » Or, disait-on, la donation faite entre mari et femme, quoique le donateur fût mort sans changer de volonté, n'appartenait ni à la classe des donations entre vifs ni à celle des testaments ou codicilles. D'une part, ce n'était pas une donation entre vifs, puisque jusqu'à son décès le donateur avait le droit de la révoquer ; d'autre part, elle n'était pas revêtue de la forme des testaments ou codicilles. Par ces motifs, le parlement de Paris pensait que l'ordonnance de 1731 mettait obstacle à la confirmation des donations entre époux par la mort de l'époux donateur. Au contraire, les parlements des provinces de droit écrit restaient attachés aux principes du droit romain. L'art. 46 de l'ordonnance de 1731 apportait, en effet, une exception aussi formelle que possible à son art. 3 : « N'entendons comprendre dans les dispositions « de la présente ordonnance, ce qui concerne « les dons mutuels et autres donations faites « entre mari et femme.

CHAPITRE III.

DE L'ÉDIT DES SECONDES NOCES (1).

Il nous reste à étudier, avant de quitter l'an-

(1) Pothier, Traité du contrat de mariage, 7e partie.

cien droit français, un édit célèbre de François II, rendu en 1560 sous l'inspiration du chancelier de L'Hopital, et destiné à étendre à toute la France les trois constitutions impériales, *feminæ quæ, generaliter, hac edictali*, depuis longtemps suivies dans le Midi. Cet édit avait deux chefs à chacun desquels nous consacrerons une section. Dans une troisième section nous examinerons l'extension qu'avaient donnée à cet édit les coutumes de Paris et d'Orléans.

SECTION Ire.

Premier chef de l'édit.

« Ordonnons que les femmes veuves ayant « enfans ou enfans de leurs enfans, si elles pas« sent à nouvelles noces, ne peuvent et ne « pourront en quelque façon que ce soit donner « de leurs biens meubles, acquêts ou acquits « par elles d'ailleurs que de leurs premiers ma« ris, ni moins leurs propres à leurs nouveaux « maris, père, mère ou enfans desdits maris, « ou autres personnes qu'on puisse être présu« mées par dol ou par fraude interposées, plus « qu'à l'un de leurs enfans ou enfans de leurs « enfans, et s'il se trouve division inégale de « leurs biens faite entre leurs enfans ou enfans

« de leurs enfans, les donations par elles faites « à leurs nouveaux maris seront réduites et « mesurées à la raison de celui des enfans qui « en aurait le moins. »

§ 1er. Des personnes auxquelles s'appliquait le premier chef de l'édit.

Si l'on s'en était tenu rigoureusement aux termes qu'avait employés le législateur, on aurait uniquement compris dans la prohibition les femmes veuves ayant enfants ou enfants de leurs enfants, *qui passaient à nouvelles noces.* Quant aux hommes veufs, qui se remariaient ayant enfants ou petits-enfants de leurs précédents mariages, l'édit semblait ne pas les atteindre; et comme cet édit restreignait la liberté naturelle et contenait à l'égard des seconds mariages des prescriptions rigoureuses, on pouvait hésiter à en étendre l'application. D'ailleurs, ce qui devait augmenter l'hésitation, c'est qu'on lisait dans le préambule de l'édit : *Nous entendant l'infirmité du sexe.* La défense avait donc pour fondement une raison particulière aux femmes; et du reste, si la loi avait voulu comprendre dans sa première disposition les hommes aussi bien que les femmes , pourquoi ne s'en serait-elle pas expliquée , comme elle l'avait fait dans le deuxième chef. Malgré ces considérations, les parlements jugeaient en sens contraire d'une manière constante, et au temps de Pothier toute controverse avait cessé. C'était, disait-on, se placer à un faux point de vue que de regarder comme une loi pénale non susceptible d'extension *l'édit des secondes noces*, loi très-sage qui contenait bien moins une peine contre les époux qu'une faveur et une protection pour les enfants du premier lit. D'un autre côté, le préambule invoqué contre l'extension de l'édit fournissait, au contraire, un argument en faveur de cette extension, puisqu'il se reportait, en l'approuvant, à la constitution *hac edictali* de Léon et d'Anthemius, constitution qui comprenait expressément les hommes veufs qui se remariaient.

Ce n'était pas seulement à son nouvel époux que l'homme ou la femme convolant à de secondes noces ne pouvait donner plus que la part de l'enfant le moins prenant. Certaines personnes, par suite d'une présomption d'interposition, se trouvaient dans la même incapacité de recevoir au delà de cette part. L'édit ne désignait comme atteints par cette incapacité que les enfants, le père et la mère du nouvel époux. Mais la jurisprudence et les auteurs l'avaient étendue à tous les ascendants.

Les enfants issus du second mariage n'étaient

pas présumés personnes interposées. Ils avaient par eux-mêmes une qualité qui pouvait leur faire mériter l'affection et les libéralités de celui de leurs auteurs qui avait des enfants d'une précédente union. Cela surtout devait être vrai quand la donation était postérieure à leur naissance.

L'interposition cessait naturellement d'être présumée, quand l'époux deux fois veuf faisait des libéralités aux ascendants ou descendants de son second époux prédécédé.

Dans les cas où la loi ne présumait pas l'interposition, on retombait sous l'application des principes généraux. Si les héritiers du donateur demandaient la nullité d'une donation faite sous le nom d'un autre que le second époux, sous prétexte que le véritable donataire était celui-ci, il fallait qu'ils prouvassent la vérité de ce fait allégué par eux. On les admettait à user de tous les moyens de preuve, et même de recourir au serment décisoire (1).

§ 2. — Des libéralités auxquelles s'appliquait le premier chef de l'édit.

Toutes les donations directes étaient sujettes

(1) Lorsqu'une veuve avait fait une donation entre vifs à un homme que plus tard elle venait à épouser, on devait facilement présumer que l'idée d'un mariage futur n'avait pas été

à la réduction prononcée par l'édit, soit qu'elles fussent simples, soit qu'elles fussent mutuelles ou rémunératoires. Peu importait aussi qu'elles eussent eu lieu par testament ou par acte entre vifs. L'édit se servait en effet des termes les plus généraux : *femmes veuves ne pourront en quelque façon que ce soit se donner ;* et, d'un autre côté, le motif du législateur avait été d'empêcher que les enfants du précédent mariage ne fussent exposés à être réduits à la pauvreté, *d'où s'ensuit la diminution des bonnes familles.*

L'édit atteignait encore les donations indirectes, notamment celles qui résultaient des conventions matrimoniales, bien que hors le cas de secondes noces on regardât ces conventions comme des actes à titre onéreux.

§ 3. — Sanction du premier chef de l'édit.

I. *Des cas où il y avait lieu à réduction.*

Pour qu'il n'y eût pas lieu à réduction, il

étrangère à cette donation. Si donc la valeur des objets donnés excédait le disponible fixé par l'édit, on réduisait la disposition, à moins, toutefois, que les circonstances ne résistassent absolument à la présomption sur laquelle était basée la réduction ; par exemple, si un temps très-considérable s'était écoulé entre la donation et le mariage de la donatrice et du donataire, et si dans ce temps intermédiaire cette donatrice avait contracté une autre union avec un tiers (Pothier).

fallait que la donation faite aux personnes comprises dans la prohibition de l'édit n'excédât pas la part qu'avait eue ou qu'avait droit d'avoir dans la succession du donateur ou de la donatrice, le moins prenant de tous ses enfants, de quelque mariage qu'il fût issu.

Quand la succession de ce donateur ou de cette donatrice se partageait par souches, la part de la souche qui recueillait le moins devait être la mesure de la portion disponible.

Enfin, lorsqu'il n'y avait que des petits-enfants appelés de leur chef à l'hérédité, pour juger si la libéralité était excessive, on se reportait à la part de celui des petits-enfants qui se trouvait le moins bien traité dans le partage.

Il pouvait arriver qu'un homme ou une femme ayant des enfants d'un premier mariage, contractât successivement plusieurs unions. Dans ce cas, le montant total des donations faites aux époux successifs ne pouvait, selon l'édit, dépasser la part de l'enfant le moins prenant. Par exemple, pour qu'un mari pût faire une donation à sa troisième femme, on exigeait qu'il fût resté au-dessous de cette part dans ce qu'il avait donné à la première et à la seconde.

II. *Des personnes qui avaient le droit d'agir en réduction.*

Nous savons que la règle restrictive de l'édit avait pour but de sauvegarder les intérêts des enfants des précédents mariages. Si tous mouraient avant le donateur et sans postérité, aucune réduction n'était possible; mais si un seul survivait, ou même en mourant avait laissé un descendant, les donations excessives faites par l'époux remarié à son deuxième ou ultérieur conjoint devaient être réduites et ce qui était retranché appartenait indistinctement à tous les enfants du donateur. La loi *quoniam, de sec. nuptiis*, avait été préférée par la jurisprudence coutumière à la novelle 22 de Justinien. De ce que nous venons de dire on tirait la conséquence que le droit de provoquer la réduction était ouvert au profit des enfants du second lit comme de ceux du premier, par le seul fait de la survie de l'un de ces derniers, et pouvait être exercé par eux quand même les autres y auraient renoncé ou l'auraient négligé.

Fallait-il être héritier du donateur ou de la donatrice pour pouvoir exercer l'action en réduction? Ricard, Lebrun, Pothier et la plupart des auteurs résolvaient négativement la question; selon eux, en effet, les biens donnés en contravention de l'édit n'étaient pas des biens héréditaires. La donation les avait fait sortir du patrimoine du disposant, et l'on ne pouvait pas dire qu'ils fussent dans sa succession lorsqu'il venait à mourir. C'est pourquoi la qualité d'héritier ne devait pas être exigée pour être admis à les recueillir. Les enfants qui les réclamaient exerçaient non pas un droit successoral, mais un droit spécial et distinct qu'ils tiraient de l'édit. Vainement opposait-on que les donations excessives étant nulles jusqu'à concurrence de leur excédant, la propriété de cet excédant ne passait pas au donataire. Pothier répondait qu'il s'agissait dans l'espèce d'une nullité relative, établie en faveur des enfants, qui n'empêchait pas la translation de propriété. Soit donc que tous les enfants eussent renoncé à l'hérédité, soit que les uns y eussent renoncé et que les autres l'eussent acceptée, dans tous les cas, la jurisprudence les admettait sans distinction à demander le retranchement et à en profiter.

S'il n'était pas nécessaire d'être héritier pour invoquer l'édit, il fallait tout au moins avoir été capable de l'être ; car, ainsi que le disait Ricard, l'édit était fait uniquement pour ceux qui avaient souffert un préjudice par suite de la donation et à qui on voulait accorder une réparation. Or, les enfants incapables d'être héritiers n'étaient pas dans cette position; on ne devait donc pas les faire participer à la réduction: c'est ce qui arrivait pour les enfants justement exhérédés, pour les filles qui avaient renoncé par contrat de mariage à la succession de leurs père et mère au profit de leurs frères, enfin pour celles qui avaient été dotées en se mariant et que les coutumes sous lesquelles elles vivaient excluaient de l'hérédité paternelle et maternelle, leur dot n'eût-elle été que d'un *chapel de roses*.

L'action en réduction pouvait être exercée même lorsque les donations qui en étaient l'objet avaient été ratifiées du vivant du donateur ou de la donatrice par les enfants majeurs à qui devait plus tard appartenir le droit de les faire réduire. On présumait toute ratification de ce genre extorquée en fraude de la loi, et en conséquence on n'en tenait nul compte.

III. *De la nature et des effets de l'action en réduction.*

L'action en réduction était une action réelle; elle s'intentait donc tant contre le donataire lui-même que contre les tiers acquéreurs des biens donnés. Le donataire n'avait pu leur transférer qu'un droit résoluble comme le sien.

Pour juger si dans un cas particulier cette

action compétait aux enfants de l'époux donateur, il fallait commencer par liquider sa succession. On estimait les biens meubles et immeubles dont elle était composée et on déterminait la part de l'enfant le moins prenant; ceci fait, on passait à l'estimation des objets compris dans la donation et l'on comparait la valeur de ces objets avec celle trouvée pour la part de l'enfant le moins prenant.

Lorsque la donation était excessive, on se demandait si la portion qui en était retranchée devait être partagée entre le donataire et les enfants, ou entre les enfants seulement? Les anciens auteurs ne s'accordaient pas sur ce point. Renusson et Lebrun soutenaient la première opinion, par la raison qu'autrement le donataire n'aurait pas tout ce que l'édit lui permettait de recevoir, c'est-à-dire autant que l'enfant le moins prenant. Pothier et Ricard préféraient l'opinion contraire. Ils se fondaient: 1° sur la loi *hac edictali* : « Id quod relictum « vel donatum vel datum fuerit, tanquam non « scriptum nec derelictum vel donatum vel « datum sit ad personas deferri liberorum et « inter eos dividi jubemus; » 2° sur la novelle 22 qui s'exprimait dans le même sens : « Quod plus est in eo quod relictum aut datum « est aut novercæ aut vitrico, ac si neque scrip- « tum neque relictum aut datum vel donatum

« competit filiis et inter eos solos ex æquo di- « viditur ut oportet. » Ricard ajoutait que dans son système l'enfant le moins prenant ne recevait du donateur rien de plus que le donataire. Car ce qu'il prenait dans les biens retranchés de la donation, il le tenait de la loi, et non du donateur qui, au contraire, avait voulu l'en dépouiller.

§ 4. — Donation d'une part d'enfant.

Il arrivait souvent qu'une personne convolant à de secondes noces donnait à son nouveau conjoint, par contrat de mariage, en termes généraux, une part d'enfant. Une telle donation ressemblait beaucoup à une institution contractuelle et obligeait le donataire à payer les dettes du défunt proportionnellement à la part qu'il recueillait. Elle était caduque si le donataire ne survivait pas au donateur, à moins qu'il n'y eût des enfants nés du mariage au profit desquels on admettait une substitution tacite.

Quand l'époux donateur mourait sans postérité, comment devait-on interpréter sa donation d'une part d'enfant? Comme il n'avait donné qu'une part d'enfant, il était manifeste qu'il n'avait pas voulu disposer de tous ses biens. Aussi, Ricard et Pothier décidaient qu'en pareil cas le conjoiut donataire ne pourrait prétendre qu'à une portion de la succession du donateur prédécédé. Seulement, d'après quelle règle devait-on déterminer cette portion ? Ces deux auteurs la fixaient à la moitié, par application de la loi romaine : *Partis appellatio non adjecta quota dimidia intelligitur*.

SECTION II.

Second chef de l'édit.

« Et au regard des biens à icelles veuves « acquis par dons et libéralités de leurs défunts « maris, elles ne peuvent et ne pourront faire « aucune part à leurs nouveaux maris, mais « elles seront tenues les réserver aux enfants « communs d'entre elles, et leurs maris de la « libéralité desquels iceux biens leur sont ad- « venus. Le semblable voulons être gardé ès « biens qui sont venus aux mains par dons et « libéralités de leurs défuntes femmes, telle- « ment qu'ils n'en pourront faire don à leurs « secondes femmes, mais seront tenus les « réserver aux enfants qu'ils ont eus de leur « premier. »

Ce second chef reproduisait en substance les constitutions *feminæ quæ* et *generaliter* que nous avons étudiées ci-dessus. Une différence pourtant doit être signalée, c'est que ces constitutions assimilaient aux biens venus de l'époux décédé, ceux recueillis par le conjoint survivant dans la succession des enfants issus de son premier mariage, tandis que rien de semblable ne se retrouvait dans l'édit des secondes noces.

§ 1er. — Des biens auxquels s'appliquait le deuxième chef de l'édit.

L'édit ne parlait que des biens acquis par dons et libéralités. La jurisprudence, sous un rapport, alla plus loin et mit sur la même ligne les biens acquis en vertu des conventions matrimoniales, par exemple à titre de douaire ou de préciput. Au contraire, on n'étendait pas l'édit aux meubles du mari que la femme devenue veuve acquérait en qualité de gardienne noble, ni à la réparation civile adjugée à l'un des époux pour le meurtre de son conjoint, ni encore moins à ce qu'un tiers avait donné à l'époux survivant par le contrat de son premier mariage.

§ 2. — De l'espèce de substitution légale établie par le deuxième chef de l'édit.

La substitution légale dont nous allons nous occuper reposait sur une fiction. La loi supposait que l'époux remarié avait reçu de son premier conjoint les biens donnés sous la condition qu'en cas de convol il serait tenu de les restituer après sa mort aux enfants communs. Toute clause contraire dans l'acte de donation ou dans un acte postérieur était frappée de nullité, car l'édit voulait suppléer à la piété paternelle qui oubliait ou méconnaissait ses devoirs, et s'il eût permis une telle clause, son but aurait été manqué.

L'époux donataire demeurait toute sa vie propriétaire des biens grevés de substitution. Les enfants du premier lit n'y pouvaient prétendre à aucun titre, et ceux d'entre eux qui prédécédaient ne transmettaient rien à leurs successeurs. Mais, dès qu'il était mort, la substitution s'ouvrait et, conformément aux principes généraux, les appelés qui recueillaient les biens grevés de substitution étaient censés les tenir de l'époux donateur et non de l'époux donataire, *non a gravato sed a gravante*. De là plusieurs conséquences. D'abord les immeubles recueillis par les enfants avaient la qualité de propres paternels ou maternels, suivant que le grevant était le père ou la mère. En second lieu, les enfants issus de la seconde union ne prenaient aucune part dans les biens dont il s'agit, puisque ces biens ne venaient pas de leur auteur. On les attribuait exclusivement aux enfants du premier mariage, et le grevé n'avait même pas, comme à Rome, le droit d'avantager sur ces biens les uns aux dépens des autres. Enfin, ces enfants du premier mariage ne devaient pas imputer ce qu'ils recevaient sur la légitime qui leur appartenait dans la succession du donataire grevé de substitution.

L'ouverture de la substitution faisait évanouir les hypothèques et autres droits réels concédés par le donataire, soit avant, soit après son second mariage, sur les biens qu'il tenait de son premier conjoint. Il fallait seulement que les enfants n'eussent pas accepté la succession du donataire. Autrement, ayant succédé à ses obligations, ils se seraient trouvés dans la nécessité de respecter les actes faits par leur auteur, à l'exception, bien entendu, des dispositions à titre gratuit.

La substitution s'éteignait par le prédécès de tous les enfants du premier mariage, sans postérité qui pût les représenter. Il en était de même quand les seuls enfants survivants se trouvaient, par suite d'une exhérédation, incapables de profiter de la substitution. Dans ces deux cas, les aliénations consenties par l'époux remarié étaient confirmées, et les biens dont il n'avait pas encore disposé redevenaient libres entre ses mains. Suivant Duplessis et Lemaitre, il existait un troisième cas d'extinction de la substitution : c'était le cas de nouveau veuvage du grevé, sans qu'il y eût d'enfants du second mariage. Car alors, disaient les auteurs dont nous rapportons l'opinion, le convol n'avait causé aucun préjudice aux enfants du premier lit. Pothier pensait, au contraire, que la substitution devait avoir lieu par cela seul que s'étaient accomplies les deux conditions d'où l'édit la faisait dépendre, à savoir, d'une part, le second mariage, et d'autre part la survie des enfants du premier lit.

SECTION III.

§ 3. — Des art. 279 de la coutume de Paris et 203 de la coutume d'Orléans, extensifs du second chef de l'édit.

Art. 279 de la coutume de Paris :

« ...... Et quant aux conquêts faits avec
« ses précédents maris (femme convolant en
« secondes ou autres noces), n'en peut dispo-
« ser aucunement au préjudice des portions
« dont les enfants desdits mariages pourraient
« amender leur mère. »

Art. 203 de la coutume d'Orléans :

« Et quant aux conquêts faits avec ses pré-
« cédents maris (femme couvolant en secondes
« ou autres noces), n'en peut aucunement
« avantager son second ou autre mari ; toute-

« fois, peut disposer d'iceux à autres personnes,
« sans que telle disposition puisse préjudicier
« aux portions dont les enfants desdits pre-
« miers mariages pourraient amender leur
« mère. »

Les biens que prenait la femme veuve dans la communauté dissoute ne rentraient pas dans les termes de l'édit, *biens acquis par dons ou libéralités du premier mari*. Elle était censée les avoir acquis par elle-même. Néanmoins, comme la prospérité de la communauté est due surtout aux soins et à la collaboration du mari, les coutumes de Paris et d'Orléans n'avaient pas laissé à la femme, lorsqu'elle se remariait, la liberté de disposer sans restriction des biens qui lui étaient échus dans le partage de la communauté.

Elles avaient donc prohibé : 1° pour la totalité, les dispositions gratuites des conquêts en faveur du nouveau mari ; 2° la disposition gratuite des mêmes biens en faveur d'autres personnes jusqu'à concurrence des portions qu'auraient prises dans ces biens les enfants du premier lit, si la donation n'avait pas eu lieu. La jurisprudence étendit aux hommes veufs les prohibitions dont nous nous occupons, pour les mêmes motifs qu'elle leur avait étendu les prohibitions de l'édit des secondes noces.

Nous dépasserions les bornes de notre travail

si nous examinions avec détail quelle était la portée et quels etaient les effets de la double extension de l'édit dont nous venons de parler. Il suffit de l'avoir signalée.

Une remarque cependant nous paraît devoir être faite. C'est seulement après une vive controverse qu'on s'était entendu sur le sens qu'il fallait donner au mot *conquêts* employé par les Coutumes de Paris et d'Orléans, et qu'on l'avait regardé comme synonyme des *biens communs*. Pendant longtemps, en effet, de nombreux auteurs avaient cru que cette expression ne comprenait ni les meubles que la femme en se mariant avait apportés dans la communauté, ni ceux que la commuuauté avait acquis durant le mariage.

APPENDICE.

L'ordonnance de Blois, rendue sous Henri III, consacrait son art. 152 aux donations entre époux. Nous nous contentons de rapporter textuellement cet article.

« D'autant que plusieurs femmes veuves,
« même ayant enfants d'autre mariage, se re-
« marient follement à personnes indignes de
« leurs qualités, et qui pis est, les aucunes à
« leurs valets, nous avons déclaré et déclarons
« tous dons et avantages qui par lesdites veuves

« ayant enfants de leurs premiers mariages, « seront faits à telles personnes, sous couleur « de donation, vendition, association à leur « communauté ou autre quelconque, nuls et de « nul effet, et icelles femmes lors de la con- « vention de tels mariages, avons mis et met- « tons en l'interdiction de leurs biens, leur dé- « fendons de les vendre ou autrement aliéner « en quelque sorte que ce soit, et à toutes per- « sonnes d'en acheter, ou faire avec elles autres « contrats par lesquels leurs biens puissent « être diminués, déclarons lesdits contrats nuls « et de nul effet. »

CHAPITRE IV.

DROIT INTERMÉDIAIRE.

Avant de passer à l'étude des donations entre époux sous l'empire du Code Nap., nous devons nous arrêter quelques instants sur le droit intermédiaire et principalement sur la loi du 17 nivôse an II (6 janvier 1794).

L'un des grands principes introduits par la révolution française dans la législation civile était l'égalité de tous les enfants au sein de la famille. Le droit d'aînesse, le privilége de masculinité, et toutes les anciennes injustices féodales et nobiliaires, avaient disparu des lois de la France. Mais ces vieilles institutions, légalement abrogées, étaient demeurées chères à certaines classes de la société ; dans la pratique on cherchait à rendre illusoire leur abrogation. L'aîné ne pouvait plus prétendre, dans la succession de son père, à une part plus forte que celle de ses frères ; au moyen d'un testament il était facile de lui rendre le droit que le législateur lui ôtait. Les filles se trouvaient traitées par la loi avec autant de faveur que les fils; mais on pouvait les dépouiller en partie en faisant à ces derniers des avantages par préciput. La loi de nivôse an II eut pour but principal d'empêcher ces abus. Elle défendit toute libéralité au profit des successibles, et en outre elle limita les donations qu'il serait permis de faire aux étrangers. Ces donations ne devaient pas excéder $\frac{1}{10}$ des biens du donateur, sil laissait des ascendants ou des descendants, et $\frac{1}{6}$ s'il ne laissait que de simples collatéraux.

Des règles toutes spéciales existaient quant aux donations entre époux. Chaque époux avait le droit de donner à son conjoint la pleine propriété de tous ses biens, s'il mourait sans postérité, et l'usufruit de la moitié de ses biens si au contraire il laissait des enfants. Dans ce dernier cas il était libre, en outre, de faire au profit d'étrangers les libéralités permises par le droit commun. La prohibition des coutumes avait ainsi fait place à un régime entièrement différent.

Il n'était pas question des seconds mariages dans la loi de nivôse. Comment devait-on interpréter ce silence? Fallait-il en conclure le maintien de l'édit de François II? Pour le premier chef il n'y avait pas de doute possible. Son abrogation était certaine, car la loi, dans son art. 13, fixait à la moitié en usufruit le disponible entre époux, *s'il y avait des enfants de leur union ou d'un précédent lit.* Quant au deuxième chef, la Cour de cassation décida en 1808 qu'il était resté en vigueur. Il faut avouer pourtant que cette jurisprudence se conciliait assez mal avec l'art. 61 de la loi de nivôse qui déclarait abolis *toutes lois, coutumes, usages et statuts relatifs à la transmission des biens par succession ou donation.*

CHAPITRE V.

DROIT FRANÇAIS MODERNE.

(Code Nap., art. 1091-1100.)

Nous n'avons étudié dans le droit romain et dans l'ancien droit français que les véritables donations entre époux, c'est-à-dire celles que se faisaient les époux pendant le mariage.

Nous devons étendre un peu l'objet de notre étude pour la législation actuelle. Le Code, en effet, a réuni dans un même chapitre et sous la rubrique de *dispositions entre époux*, les donations que se font les *futurs époux* par contrat de mariage, et celles que se font les époux dans le cours de leur union. Nous examinerons donc dans deux sections successives les principes spéciaux qui régissent ces deux classes de libéralités, réservant pour une troisième et dernière section les principes sur la quotité disponible, qui s'appliquent aussi bien aux donations entre futurs époux par contrat de mariage, qu'aux donations entre époux par actes postérieurs au mariage.

SECTION Ire.

Donations entre futurs époux par contrat de mariage.

Les donations que les futurs époux peuvent se faire par contrat de mariage sont de quatre espèces : 1° donations de biens présents ; 2° donations de biens à venir ; 3° donations cumulatives de biens présents et à venir ; 4° donations sous condition potestative de la part du donateur (1091). Ces quatre espèces de donations ont des règles particulières à chacune d'elles, et des règles qui leur sont communes. Nous consacrerons à ces règles diverses les paragraphes suivants.

§ 1er. — Règles particulières à chacune des quatre espèces de donations entre futurs époux par contrat de mariage.

I. *Donations de biens présents.*

« Toute donation entre vifs de biens présents, » dit l'art. 1092, « faite entre époux par contrat « de mariage ne sera point censée faite sous la « condition de survie du donataire, si cette « condition n'est formellement exprimée, et « elle sera soumise à toutes les règles et formes « prescrites pour ces sortes de donations. »

La donation de biens présents est la donation entre vifs du droit commun, c'est-à-dire un contrat à titre gratuit par lequel le donateur se dépouille actuellement et irrévocablement de la chose donnée. D'après cette définition, il semble au premier abord qu'il était inutile de dire qu'elle ne serait pas caduque par le prédécès du donataire, quand elle aurait eu lieu entre futurs époux. La disposition de cet article avait pourtant son utilité. En effet, dans les provinces de droit écrit, on considérait comme subordonnées à la condition tacite de la survie du donataire, les donations de biens présents que se faisaient les futurs époux par contrat de mariage. Au contraire, dans les pays coutumiers, ainsi que nous l'atteste Dumoulin, cette condition n'était pas présumée ; seulement on permettait au donateur de la stipuler expressément. En présence de ces divergences de l'ancien droit, le législateur devait s'expliquer ; c'est ce qu'il a fait dans notre article, où il adopte le système des coutumes. D'ailleurs, en disant formellement que les donations dont il s'occupait ne seraient pas frappées de caducité par le prédécès du donateur, peut-être voulait-il faire ressortir une de leurs différences avec les donations de biens à venir et les donations entre époux pendant le mariage.

Le Code déclare les règles et formes des donations de biens présents applicables aux donations de ce genre qui ont lieu entre futurs époux. En conséquence,

1° Ces donations doivent se faire à peine de nullité par acte notarié ; soit par contrat de mariage, soit par acte exprès indiquant qu'elles ont lieu en vue du mariage : dans ce dernier cas, elles ne jouissent pas du bénéfice de l'article 1087, qui dispense de l'acceptation expresse les donations par contrat de mariage.

2° Si elles ont pour objet des immeubles, la transcription est nécessaire pour que la propriété soit transférée à l'égard des tiers.

3° Elles sont révocables pour cause d'ingratitude, ainsi que nous le verrons plus loin.

Il nous reste à signaler les particularités de la donation de biens présents entre futurs époux.

1° Cette donation n'est pas révoquée par la survenance d'un enfant au donateur.

2° On n'exige pas pour sa validité que le donataire l'ait expressément acceptée.

3° Si elle consiste en effets mobiliers, il n'est pas nécessaire d'y annexer un état estimatif qui empêche le donateur d'y porter atteinte par la suite. La règle *donner et retenir ne vaut* n'a pas, en effet, d'application dans la matière des donations entre époux.

4° Elle est caduque si le mariage ne se réalise pas.

5° Elle peut être faite par un mineur assisté de ses ascendants.

6° La quotité disponible n'est pas la même que pour les donations ordinaires.

II. *De la donation de biens à venir.*

La libéralité que le Code désigne sous ce nom s'appelait, dans l'ancien droit, *institution contractuelle*. C'était en effet une institution d'héritier faite par contrat. Aujourd'hui son caractère n'est plus le même. Sous le droit actuel, la loi seule peut faire des héritiers ; l'homme ne fait plus que des donataires et des légataires. C'est donc par les règles générales des donations, et non par celles des successions, qu'on doit suppléer aux règles spéciales de la donation de biens à venir.

M. Jaubert, dans son rapport au Tribunat, disait que le donataire de biens à venir avait, dès le jour de la donation, *un titre mais sans l'émolument*. Ces mots font très-bien comprendre la nature mixte de cette donation qui, d'une part, confère un droit actuel et irrévocable, et, d'autre part, ne devient réellement utile et certaine que lors du décès du donateur, puisqu'elle porte sur les seuls biens existants à cette époque et s'évanouit par le prédécès du donataire sans postérité.

Nous verrons successivement dans quelle forme elle doit se faire, quels objets elle peut comprendre, quelle est son étendue entre futurs époux, et enfin quels sont les effets que la loi lui attribue.

1° *Des formes et des objets de la donation de biens à venir.*

Cette donation n'est possible que par contrat de mariage. C'est qu'elle est, en effet, une attribution de droits sur une succession future. Or nous savons que, dans notre législation, tous les pactes sur les successions futures sont prohibés en principe. Il n'est donc pas permis d'étendre au delà de ses termes l'art. 1093, qui apporte une exception à cette prohibition pour *le cas d'une donation de biens à venir faite par contrat de mariage.* On n'exige ni l'acceptation expresse du donataire, ni la transcription, ni les formalités de l'état estimatif.

La donation de biens à venir peut avoir pour objet, soit l'universalité, soit une quote-part des biens que le donateur laissera à son décès, soit même une chose particulière ou une somme fixe à prendre sur la succession. De nombreux articles montrent que la loi n'attache pas à cette expression, *partie des biens,* le sens restreint de *partie aliquote,* et qu'en permettant d'en disposer, elle autorise tant les dispositions à titre particulier que les dispositions à titre universel.

2° *Étendue de la donation de biens à venir entre futurs époux.*

Les donations de biens à venir ne sont pas licites uniquement entre futurs époux. L'article 1082 permet, en effet, aux père et mère, ascendants et parents collatéraux des conjoints, et même aux étrangers, de disposer de tout ou partie des biens qu'ils laisseront à leur mort, tant au profit desdits conjoints qu'au profit des enfants à naître de leur mariage, dans le cas où le donateur survivrait à l'époux donataire. Bien plus, pareille donation, quoique faite seulement au profit des deux époux ou de l'un d'eux, est toujours dans la cas de survie du donateur, présumée faite au profit des enfants nés ou à naître du mariage. Du reste, rien n'empêche d'appeler les époux ou l'un d'eux en écartant les descendants. Une clause formelle dans ce sens est valable, car la loi n'entend dire qu'une chose, c'est que si le donateur ne s'est pas expliqué, et qu'il y ait un ou plusieurs enfants communs, le prédécès du donataire ne doit pas entraîner la caducité de la libéralité.

Les enfants à naître ne sont admis à profiter de la donation dont parle l'art. 1082, que si leur père ou mère ont été appelés en première ligne. Dailleurs il ne serait pas exact de considérer leur vocation subsidiaire comme une substitution fédéicommissaire ou vulgaire. D'une part, il n'existe pour le donataire survivant au donateur aucune obligation de conserver jusqu'à sa mort et de restituer à ses enfants les biens qu'il a recueillis; et, d'autre part, les enfants ne remplacent leur père ou mère, qu'en cas de prédécès du donataire, et non pas s'il fait défaut de toute autre manière. Nous sommes en effet hors du droit commun, qui proscrit les donations qu'on voudrait faire à des personnes *non encore conçues*. Il nous est donc interdit d'étendre par l'interprétation la règle exceptionnelle de l'art. 1082, dont le texte est formel : *en cas de survie du donateur*.

Ce que nous venons de dire sur l'étendue des donations de biens à venir que font des tiers aux futurs époux, cesse d'être vrai pour les donations de même nature que les futurs époux se font l'un à l'autre.

« Ces dernières donations, » porte l'article 1093, *in fine*, « ne sont point transmis- « sibles aux enfants issus du mariage, en cas « de prédécès de l'époux donataire. » On admet même généralement qu'une déclaration formelle du donateur ne suffirait pas pour que la donation pût produire effet au profit des descendants du donataire prédécédé. Ce système de la loi nous paraît rationnel ; car, lorsqu'il s'agit d'une donation entre futurs époux, la caducité par le prédécès du donataire ne cause guère de préjudice aux enfants, puisqu'ils retrouveront dans la succession de l'époux donateur ce qu'ils ne prendront pas en vertu de la donation. Au contraire, lorsque le donateur est un tiers, pour qu'ils ne perdent pas irrévocablement les biens donnés, si ce donateur survit à leur auteur donataire, il faut qu'il y ait pour eux une espèce de substitution. C'est pourquoi, dans ce second cas, la loi a dérogé à l'article 906 : « Pour être capable de recevoir en« tre vifs, on doit être conçu au moment de « la donation; » tandis que dans le premier cas, elle a laissé cet article pleinement en vigueur.

5° *Effets de la donation de biens à venir.*

« La donation de biens à venir, » dit l'article 1083, « est irrévocable en ce sens que « le donateur ne peut plus disposer à titre gra« tuit des objets compris dans la donation, si « ce n'est pour sommes modiques à titre de ré« compense ou autrement. »

Quant aux aliénations à titre onéreux, elles demeurent permises comme par le passé. On s'est même demandé si le disposant pouvait renoncer par une clause expresse au droit d'hypothéquer ou d'aliéner les biens dont le Code ne lui ôte que la disposition gratuite. Suivant M. Duranton, la clause serait nulle comme pacte sur une succession future en dehors de l'exception posée par notre article. Autre est la décision de M. Coin-Delisle. Cette clause, selon lui, devrait être regardée comme portant uniquement sur les biens présents, et transformant la donation de biens à venir en donation cumulative de biens présents et à venir. Enfin M. Marcadé pense qu'il faut suivre cette dernière idée, si elle est conciliable avec les termes dont s'est servi le donateur; mais il ajoute que si cette conciliation est impossible, on doit décider la question ainsi que le fait M. Duranton. Nous adhérons pour notre compte à la solution de M. Marcadé, qui nous semble la plus pratique des trois, et en même temps la plus juste puisqu'elle tend à tenir compte de la volonté du donateur et des principes rigoureux de la loi sur les successions futures.

Le donataire de biens à venir est tenu des dettes du défunt jusqu'à concurrence des biens qu'il recueille : *non sunt bona nisi deducto œre alieno*. Comme il n'est pas héritier, malgré la dénomination de la libéralité dont il profite (institution contractuelle), il eût été illogique de l'astreindre à payer ces dettes *ultra vires successionis*.

Nous ne croyons pas qu'il soit saisi de plein droit par la mort du disposant, comme l'est le légataire universel quand il n'y a pas d'héritiers réservataires. La saisine doit donc être toujours demandée par lui aux héritiers du sang. L'article 1006 ne peut pas en effet s'étendre par analogie à un genre de libéralités qui, en général proscrit par la loi, se trouve exceptionnellement permis en faveur des époux.

III. *Donation cumulative de biens présents et à venir.*

Cette espèce de donation, imaginée dans les pays de coutume, et consacrée par l'ordonnance de 1731, n'est autre chose qu'une donation de biens à venir que le donataire a la faculté de transformer, au décès du donateur, en donation de biens présents. Ainsi, toutes les fois que la succession du disposant sera plus importante que n'étaient les biens présents au jour du contrat, le donataire l'acceptera en entier, sauf à payer les dettes *intra vires*. Tout se passera alors comme dans le cas d'une simple donation de biens à venir. Les aliénations permises par l'article 1083 seront maintenues. Si, au contraire, il arrive que la valeur des biens laissés par le donateur est inférieure à celle des biens dont il se trouvait propriétaire au moment de la donation, le donataire déclarera s'en tenir aux biens existant à cette époque, et ne sera tenu d'acquitter que les dettes dont ces biens étaient alors grevés.

Lorsque la donation cumulative des biens présents et à venir comprend des meubles, le donataire doit avoir soin d'y annexer un état estimatif des meubles présents, conformément à l'art. 948. A défaut de cet état, la donation ne pourrait valoir en tant que donation de biens présents, si ce n'est pour les immeubles, et le donateur n'aurait droit aux meubles qu'en l'acceptant pour le tout, c'est-à-dire comme une simple donation de biens à venir. Si l'état estimatif a été dressé, ma s que le donateur ait aliéné quelques-uns de ces meubles, soit à titre onéreux, soit à titre gratuit, les tiers acquéreurs de bonne foi sont protégés contre l'éviction par l'art. 2279 : « En fait de meubles, possession vaut titre. » Le seul droit du donataire est, d'une part, de pouvoir revendiquer contre les détenteurs de mauvaise foi, et, d'autre part, d'avoir un recours contre les héritiers du disposant jusqu'à concurrence des meubles aliénés qui sont à l'abri de la revendication.

Si la donation est immobilière, la transcription est nécessaire, pour que le donataire puisse plus tard invoquer contre les tiers la transformation de la donation cumulative en donation de biens présents. C'est à cette seule condition qu'il lui sera permis, au décès du donateur, de critiquer les aliénations faites par ce dernier, et encore faudra-t-il que la prescription de dix ou vingt ans, suivant les cas, ne soit pas accomplie. Si c'est la prescription qui empêche la revendication, les successeurs du donateur sont tenus d'indemniser le donataire du préjudice que lui cause le fait de leur auteur. Si, au contraire, l'omission de la transcription met seule obstacle à la revendication, la question de savoir s'ils sont soumis à un recours de la part du donataire, dépend de la solution de cette autre question : Les héritiers du donateur peuvent-ils opposer le défaut de transcription? Suivant qu'on adopte, sur ce point vivement débattu, l'affirmative ou la négative, on doit se prononcer pour la négative ou l'affirmative dans la premiere question.

Comme dans la donation cumulative de biens présents et à venir, le donataire qui déclare s'en tenir aux biens dont le donateur était propriétaire au jour du contrat, se trouve tenu, par le fait de son option, des dettes de ce donateur à cette époque, la loi exige qu'un état de ces dettes soit joint à l'acte de donation. Si cet état n'existe pas, le donataire, d'après l'article 1084, est obligé d'accepter ou de répudier en entier la donation. En cas d'acceptation, il peut réclamer uniquement les biens qui sont encore dans le patrimoine du donateur au moment de sa mort, et alors il est assujetti au payement de toutes les dettes et charges de la succession.

La donation cumulative de biens présents et à venir qu'un tiers fait aux futurs époux ou à l'un d'eux, est présumée faite au profit des enfants à naître du mariage, en cas de prédécès du donataire. Il en est autrement lorsque la donation a lieu entre futurs époux. L'art. 1093 lui est applicable comme à la simple donation de biens à venir, et nous ne pourrions que répéter ce que nous avons dit sur cette dernière.

IV. *Des donations faites sous des conditions potestatives de la part du donateur.*

L'art. 1091, qui permet aux époux de se faire par contrat de mariage *telle donation qu'ils jugeront à propos*, autorise par ces termes généraux les donations sous condition potestative de la part du donateur, dont parle l'art. 1086. Les conjoints peuvent donc se donner l'un à l'autre, « sous la condition que le donataire « payera indistinctement toutes les dettes et « charges de la succession, ou sous d'autres « conditions dépendant de la volonté du dona- « teur; » de même « si le donateur s'est réservé « la liberté de disposer d'un effet compris dans « la donation de ses biens présents, ou d'une « somme fixe à prendre sur ces mêmes biens, « l'effet ou la somme, s'il meurt sans en avoir « disposé, sont censés compris dans la donation « et appartiennent au donataire ou à ses héri- « tiers. »

La loi dit *ou à ses héritiers*, parce qu'il s'agit ici d'une donation sous condition résolutoire.

Le donataire, par une pareille donation, est immédiatement saisi de l'objet donné; seulement, le donateur se réserve le droit de le lui reprendre si bon lui semble, pour en disposer au profit d'un autre. Il est donc juste que si la reprise n'a pas lieu, les héritiers du donataire demeurent en possession de cet objet.

Dans le cas où la condition de la donation consiste à mettre à la charge du donataire, toutes les dettes que pourra contracter le donateur, le droit du donataire est à la mort de celui-ci, ou de conserver les biens qu'il a reçus en effectuant intégralement le payement auquel il s'est engagé, ou, s'il aime mieux, de renoncer à la libéralité.

§ 2. — Règles communes à toutes les donations entre futurs époux par contrat de mariage.

1° Le disponible entre futurs époux n'est pas le disponible ordinaire, nous l'étudierons ci-dessous.

2° Le mineur peut, par contrat de mariage, avec le consentement et l'assistance de ceux dont le consentement est requis pour la validité de son mariage, donner à son futur époux tout ce que la loi permet à l'époux majeur de donner à son conjoint. Cet article, qui n'est que l'application de la règle du droit romain : *habilis ad nuptias, habilis ad pacta nuptialia*, contient une triple dérogation au droit commun. Car d'abord il résulte des art. 903 et 904 que le mineur, même âgé de plus de seize ans, ne peut aucunement donner entre vifs. En second lieu, l'un des principes de la minorité, c'est que le mineur ne peut agir par lui-même, mais doit être représenté dans les actes civils. Enfin, le droit d'autorisation appartient en général au tuteur et au conseil de famille, et non aux ascendants du mineur.

3° Toutes les donations entre futurs époux sont subordonnées à l'accomplissement du mariage.

4° Elles ne sont pas révoquées par la survenance d'enfants du mariage en vue duquel elles ont été faites. C'est qu'en effet leur révocation pour cette cause eût été illogique et funeste comme contraire au but principal du mariage. Du reste, les enfants qui viennent à naître ne sont guère intéressés à la révocation des donations que se sont faites leurs père et mère; car ils trouvent la plupart du temps dans la succession du donataire ce que la donation leur a enlevé dans la succession du donateur.

Mais la survenance à l'époux donateur d'un enfant légitime né d'un second mariage révoque-t-elle la donation que par son premier contrat de mariage il a pu faire à son conjoint prédécédé ? La question ne peut concerner les donations de biens à venir que le prédécès du donataire suffit pour rendre caduques : mais quant aux donations de biens présents, elle divise les interprètes du Code. Grenier et Delvincourt, par exemple, se prononcent pour la révocation; car, disent-ils, si la naissance d'enfants du premier lit ne révoque pas les libéralités que leurs père et mère se sont faites, c'est qu'ils n'ont pas d'intérêt à ce que cela soit. Au contraire, l'intérêt est immense pour l'enfant qui naît d'une seconde union, puisqu'il perdra pour toujours les biens donnés, si la donation ne se trouve pas révoquée. D'ailleurs ne sera-t-il pas très pénible pour le donateur de voir la partie de son patrimoine dont il s'est dépouillé, passer aux héritiers de son ancien conjoint, peut-être à des collatéraux du douzième degré, lorsque lui a des enfants d'un nouveau mariage ? C'était, ajoutent les auteurs dont nous rapportons l'opinion, la doctrine universellement admise dans l'ancien droit, tant avant qu'après l'ordonnance de 1731, comme on le voit dans Dumoulin et dans Furgole. Rien n'indique que le législateur moderne ait entendu abandonner ces principes.

La Cour de cassation et la plupart des auteurs sont d'un avis opposé, et selon nous avec raison. Les considérations invoquées par les partisans de l'affirmative, très fortes en théorie, s'effacent devant les textes formels de la loi, qui ne font aucune distinction entre la survenance d'enfants d'un premier mariage et celle d'enfants d'un mariage postérieur. Nous croyons donc que ce serait se jeter dans l'arbitraire que de distinguer dans l'application des art 960 et 1096.

5° Les donations entre futurs époux par contrat de mariage sont-elles révocables pour ingratitude ?

« On peut dire de cette question avec un « vieil auteur qu'elle est grandement mêlée de « pour et de contre ; les Cours se sont partagées, « les auteurs se sont prononcés en sens divers, « et de part et d'autre on invoque des considé- « rations qui au premier coup d'œil semblent « se balancer. Ainsi tout concourt à alimenter « le doute et à tenir l'esprit en suspens. »

Ces paroles que nous empruntons à un jurisconsulte illustre, M. Dupin, montrent tout le péril qu'il y a à prendre parti dans cette question, et ce n'est qu'avec réserve que nous adoptons l'affirmative.

« Les donations en faveur du mariage, » dit l'article 959, « ne sont pas révocables pour « cause d'ingratitude. » Faut-il comprendre les donations entre futurs époux par contrat de mariage dans la classe des donations en faveur du mariage? Ici est toute la controverse.

L'art. 960 paraît trancher la question tant sont formelles ses expressions prises à la lettre. Il déclare en effet non révocables pour survenance d'enfant, « les donations faites en fa« veur du mariage par autres que les ascendants « aux conjoints ou par les conjoints l'un à « l'autre. » On croit pouvoir conclure que les donations entre conjoints sont comprises parmi les donations en faveur du mariage, parce qu'elles sont placées sur le même rang et sous la même désignation que les donations par les ascendants. On tire un argument semblable de l'art. 1088 d'après lequel les donations faites en faveur du mariage sont caduques si le mariage ne s'ensuit pas, article applicable sans conteste aux donations entre futurs époux.

Cette argumentation, toute spécieuse qu'elle est, conduit cependant selon nous à une solution contraire à la pensée du législateur. Et d'abord, comment appuyer avec confiance une théorie sur l'art. 960? Son but est de réglementer, au point de vue de la révocation pour survenance d'enfants, « les donations entre « vifs faites par personnes qui n'ont point d'en« fants ou descendants actuellement vivants « dans le temps de la donation, » et il prend soin d'excepter « les donations en faveur du

« mariage faites par les ascendants aux con-
« joints. » Une rédaction si défectueuse n'enlève-t-elle pas au texte de l'article toute son autorité ? Car en raisonnant comme nos adversaires et en nous attachant strictement au texte, nous arriverions à cette conclusion qu'il suffit de signaler, à savoir : que les donations en faveur du mariage faites *par les ascendants aux conjoints* sont comprises dans la classe des donations faites *par personnes n'ayant ni enfants ni descendants.*

Nous sommes encore moins touchés de l'objection tirée de l'art. 1088 ; cet article, en effet, se trouve dans un chapitre consacré aux donations faites par des tiers aux futurs époux, et c'est simplement par analogie qu'on l'applique aux donations entre futurs époux. Nous pourrions donc nous-mêmes invoquer l'art. 1088 pour démontrer que dans le sens de la loi, *donation en faveur du mariage* est synonyme de donation faite par un tiers aux futurs conjoints, en vue de les encourager à réaliser l'union qu'ils projettent ; mais nous nous bornons à conclure que les textes du Code sont trop obscurs et trop équivoques pour qu'on puisse y trouver les éléments d'une solution satisfaisante. Il faut alors interroger l'esprit de l'art. 959 sans s'arrêter davantage à commenter sa lettre.

« Les donations en faveur du mariage, » lisons-nous dans l'exposé des motifs de M. Bigot de Préameneu, « ne sont pas révocables pour cause d'ingratitude parce qu'elles sont destinées aussi aux enfants à naître du mariage et qu'ils ne doivent pas être victimes de l'ingratitude du donataire. » Cette phrase détermine bien, selon nous, les motifs et la portée de la disposition contenue dans l'art. 959. Il ne nous reste donc qu'à rechercher quelles sont les donations qui sont destinées en même temps aux époux et aux enfants à naître du mariage? Peut-on considérer comme ayant ce caractère les donations que les futurs époux peuvent se faire l'un à l'autre? Ce n'est pas soutenable, puisque d'après l'art. 1093 elles ne sont pas transmissibles aux enfants issus du mariage, quand même le donateur les a déclarées telles par une clause formelle. Leur révocation pour ingratitude ne nuit qu'à l'époux ingrat. En même temps qu'elle ne préjudicie pas aux, enfants et souvent même leur est utile, elle est avantageuse pour l'époux donateur, tandis que la révocation d'une donation faite par un tiers en faveur du mariage nuirait à l'époux innocent et à ses enfants comme à l'époux coupable d'ingratitude. En présence des conséquences différentes que devait avoir la révocation de la donation pour cause d'ingratitude, quand la donation avait lieu entre époux, et quand elle était faite par des tiers, le législateur devait adopter des solutions opposées, et rendre les donations révocables dans le premier cas et irrévocables dans le second.

D'ailleurs, et cette observation n'est pas sans importance, comment la loi qui frappe le donataire ingrat alors qu'il est étranger au donateur, l'épargnerait-elle quand il est son conjoint, c'est-à-dire quand sa faute est double, puisqu'elle est la violation de ses devoirs de donataire et de ses devoirs d'époux?

6° La donation qu'une personne a faite par contrat de mariage à son futur conjoint est-elle de plein droit révoquée par la séparation de corps prononcée contre ce conjoint?

Si l'on résout affirmativement cette question, la question précédente perd presque entièrement son utilité pratique. L'époux donateur qui aura à reprocher à son conjoint des sévices ou des injures graves, et qui ne reculera pas devant le scandale d'un débat judiciaire, agira plutôt en séparation de corps qu'en révocation de sa donation pour cause d'ingratitude.

Cependant il est des cas où l'action en séparation de corps ne serait plus possible, tandis que la donation pourrait encore être révoquée. On en cite habituellement deux : 1° celui où la séparation de corps étant déjà prononcée, l'époux originairement demandeur et donataire se rend à son tour coupable d'ingratitude ; 2° celui où l'époux offensé est mort sans avoir pu encore commencer ou terminer l'instance en séparation de corps.

Un texte formel conférait au divorce l'effet, qu'on conteste à la séparation de corps, d'entraîner la révocation de toutes les libéralités qu'avait reçues de son conjoint l'époux contre qui le divorce était prononcé. « Pour quelque « cause que le divorce ait lieu, hors le cas de « consentement mutuel, disait l'art. 299, l'époux « contre lequel le divorce aura été admis « perdra tous les avantages que l'autre époux « lui avait faits, soit par contrat de mariage, « soit depuis le mariage contracté. » Le législateur a-t-il tacitement étendu cet article au cas de la séparation de corps? Les meilleurs esprits sont en désaccord sur ce point. Pendant trente ans la Cour suprême s'est prononcée pour la négative malgré l'opposition presque unanime des Cours d'appel. Enfin, en 1845, elle a changé sa jurisprudence par un arrêt rendu en chambres réunies, contrairement aux conclusions de M. le procureur général Dupin ; la chambre civile s'est ralliée depuis lors à cette doctrine, et la dissidence ne subsiste plus que parmi les auteurs.

Chacun sait que jusqu'en 1816 le divorce et la séparation de corps existèrent l'un à côté de l'autre dans notre législation. Le conseil d'État n'avait pas d'abord admis dans son projet de Code la séparation de corps, suivant en cela les errements du droit intermédiaire. Puis, sur les réclamations des tribunaux consultés, il l'avait admise et lui avait consacré un chapitre spécial. Ce chapitre, qui ne contient que six articles, est un simple appendice aux chapitres précédents qui concernent le divorce. On n'y trouve déterminés ni les causes, ni les formes, ni les effets de la séparation de corps, et tout le monde reconnaît qu'il a besoin d'être complété par certaines dispositions de la loi sur le divorce. Mais quelles sont ces dispositions dont l'extension à la séparation de corps est possible? C'est là que les jurisconsultes se séparent.

Les uns sont d'avis qu'il faut, pour attribuer un effet du divorce à la séparation de corps, ou que la loi s'en soit expliquée, comme dans les art. 1441, 1452, 1463, 1518, ou qu'il s'agisse de dispositions analogues à celles des art. 301 et 302 sur la garde des enfants et la pension alimentaire à payer à l'époux demandeur en divorce, dispositions que le juge suppléerait dans le silence de la loi. D'autres vont plus loin et croient que la séparation de corps produit tous les effets du divorce qui sont compatibles avec le maintien du mariage, et leur principale raison est que les causes du divorce sont des causes de séparation de corps.

Ces derniers trouvent l'application de leur principe dans les art. 1441, sur la dissolution de la communauté; 1452, sur la non-ouverture des droits de survie; 1463, sur la position de la femme qui, divorcée ou séparée de corps, n'a point accepté la communauté dans les trois mois et quarante jours de sa dissolution; enfin 1518, sur la caducité du préciput conventionnel. Les art. 386 et 767, qu'on leur oppose, ne sont même à leurs yeux qu'une confirmation de leur doctrine. « D'après l'art. 384, dit très bien un « auteur, l'usufruit légal des biens des enfants « appartient pendant le mariage au père, et « après la dissolution du mariage au survivant « des père et mère. Le changement apporté « en principe par la dissolution du mariage à « l'attribution de l'usufruit légal présentait une « difficulté dans le cas de dissolution par di- « vorce, puisque alors, malgré la dissolution, il « n'y a pas d'époux survivant, mais deux an- « ciens époux vivant tous deux; or, puisque l'un « des époux était coupable et l'autre innocent, « il était tout naturel de sortir de la difficulté « en attribuant l'usufruit à ce dernier. C'est ce « qu'a fait l'art. 386, mais cette difficulté ne « se présentait pas en cas de séparation de « corps; puisque alors le lien conjugal durant

« toujours, on restait sous le principe général « de l'art. 384, qui attribue l'usufruit au père, « tant que dure le mariage. Quant à l'art. 767, « il donne droit de succession à celui qui « est époux au moment de l'ouverture de l'hé- « rédité, et c'est parce que le divorce brise ce « titre d'époux que le conjoint divorcé ne peut « plus succéder. Aussi, le droit de succéder « disparaît tout aussi bien pour l'époux qui ob- « tient le divorce que pour celui contre qui on « le prononce, parce qu'en effet l'un pas plus « que l'autre n'a le titre d'époux. » Ainsi, dans le cas de l'art. 386, comme dans celui de l'art. 767, il s'agissait d'effets découlant de la dissolution du mariage, et que par conséquent ne devait pas produire la séparation de corps.

Nous adhérons à l'opinion que nous venons de rapporter, et l'on comprend alors que nous devons admettre la révocation de plein droit des libéralités qu'a reçues de son conjoint l'époux contre lequel la séparation de corps a été prononcée. Car on ne peut pas considérer cette révocation comme résultant de la dissolution du mariage, mais seulement des faits qui donnent lieu à la séparation de corps comme au divorce. Aussi l'ancienne législation qui rejetait le divorce et proclamait l'indissolubilité absolue du mariage, consacrait la révocabilité des donations entre époux par suite de la séparation de corps. Rien n'indique que le Code de 1804 ait voulu s'écarter de cette règle. Plusieurs textes démontrent au contraire qu'il y est resté fidèle. Nous les examinerons successivement.

« Lorsque la dissolution de la communauté, » dit l'art. 1518, « s'opère par le divorce ou par la séparation de corps... l'époux qui a obtenu soit le divorce, soit la séparation du corps, conserve ses droits au préciput en cas de survie, » tandis qu'au contraire son conjoint perd ceux qu'il peut avoir. Or, nous savons quelle est la nature du préciput conventionnel. La loi ne le considère pas comme une véritable libéralité : c'est à ses yeux une convention matrimoniale, que les enfants d'un premier lit sont seuls admis à faire réduire si elle dépasse la quotité disponible. On a donc le droit de conclure par *a fortiori* que la règle établie pour le préciput est applicable aux donations, car le législateur admet toujours plus difficilement la révocation des actes à titre onéreux, que celle des actes à titre gratuit.

L'art. 310 confirme cette opinion. Replaçons-nous, en effet, à l'époque où le divorce et la séparation existaient concurremment, et voyons quelle était la portée de cet article, en supposant exacte la doctrine que nous combattons. « Lorsque la séparation de corps prononcée pour toute autre cause que l'adultère de la femme avait duré trois ans, l'époux originairement défendeur pouvait demander le divorce au tribunal, qui devait l'admettre si le demandeur originaire présent ou dûment appelé ne consentait pas immédiatement à faire cesser la séparation. » Ainsi donc, on le voit, d'après nos adversaires, l'époux outragé qui par des scrupules religieux avait reculé devant le divorce et s'était contenté de la séparation de corps qui n'aurait pas emporté à son profit révocation des donations faites par lui à son conjoint, au bout de trois ans se serait trouvé exposé à une demande en divorce qui aurait entraîné au profit de l'époux coupable la révocation des donations faites par ce dernier. Un pareil résultat montre combien est inadmissible la négative dans cette question. On répond cependant à cet argument. « Dans le cas de l'art. 310, dit M. Dupin, l'art. 299 devait aussi recevoir son application, mais contre qui? contre l'époux originairement défendeur. Il aurait échappé à cette révocation en restant dans les termes de la séparation. Il s'y exposait volontairement en recourant à la voie extrême du divorce, dont l'effet était non plus de relâcher le lien, mais de le rompre. » Nous ne pensons pas que tel était le sens de l'art. 310, car autrement l'époux contre lequel la séparation de corps avait été prononcée et à qui la loi conférait le droit d'agir en divorce, n'aurait presque jamais agi à cause de l'effet révocatoire attaché à son action ; et c'eût été certainement contraire au vœu du législateur qui avait pour but de rendre aux époux la liberté de contracter une nouvelle union quand la séparation de corps s'était prolongée.

Nous avons fini ce que nous voulions dire au point de vue du droit civil sur la question qui nous occupe ; mais nos adversaires se placent sur le terrain de la morale, et nous devons les y suivre quelques instants. Il serait imprudent et impolitique, disent-ils, de révoquer les donations dont il s'agit, parce que leur révocation rendrait plus difficile la réunion des époux. Nous répondons que peut-être, il est vrai, l'époux offensé se montrera moins disposé à pardonner, de peur de faire revivre ainsi son ancienne libéralité révoquée, mais qu'aussi l'époux coupable mettra plus de zèle à obtenir son pardon, ce pardon devant faire renaître, en même temps que la vie commune, les avantages que son conjoint lui avait faits dans son contrat de mariage. Les inconvénients et les avantages de notre système à l'égard de la réconciliation désirable des conjoints séparés de corps, se balancent donc pleinement. Nous ajoutons du reste qu'on prête au législateur des vues assez peu morales, en disant qu'il a voulu pousser les citoyens à préférer le divorce à la séparation de corps, par l'appât des profits pécuniaires attachés au divorce et refusés à la séparation de corps.

Maintenant que nous avons cherché à établir que la séparation de corps entraînait la révocation des donations faites par son conjoint à l'époux contre lequel la séparation de corps avait été prononcée, nous allons rechercher quels étaient les effets que cette révocation produisait.

La révocation par suite de séparation de corps est une sorte de révocation pour ingratitude; il est donc juste que ses effets soient les mêmes, et principalement qu'elle ne puisse pas préjudicier aux droits des tiers. Les aliénations antérieures à la publication de la demande en séparation doivent être respectées, sauf le recours contre l'époux ingrat dans la mesure de l'enrichissement, *quatenus locupletior factus est*.

On s'est demandé par quel délai, à partir du jugement de séparation de corps, pourrait s'accomplir, en cas de négligence de la part de l'époux donateur à répéter le bien donné, la prescription qui mettrait l'époux donataire à l'abri de la répétition. Nous pensons sans hésitation que ce délai doit être de trente ans. Par l'effet de la séparation, la donation se trouve anéantie de plein droit, et le donataire, cessant d'être propriétaire, devient un détenteur *sans titre* qui ne serait pas en mesure d'invoquer la prescription de dix ou vingt ans. On argumenterait en vain des art. 957 et 1304, pour réduire le délai de la prescription à un délai plus court de un an ou de dix ans. Il n'y a pas d'analogie entre les cas prévus par ces articles et celui dont nous nous occupons. D'un côté, en effet, il s'agit de déterminer la durée de l'action en nullité à l'égard d'actes annulables ou révocables; de l'autre, au contraire, de fixer la durée de la prescription à l'égard de biens compris dans une donation déjà révoquée.

7° Il nous reste à parler d'une dernière règle commune à toutes les donations entre futurs époux par contrat de mariage. L'acceptation expresse du donataire n'est pas pour elles comme pour les donations ordinaires, une condition essentielle à leur validité. C'est en ce sens que nous semble devoir être entendu l'art. 1087, d'après lequel « *les donations par contrat de mariage ne peuvent être attaquées ou déclarées nulles sous prétexte du défaut d'acceptation.* » Il ne faut y voir qu'une simple dérogation à la règle posée dans l'art. 933 : « *La donation entre vifs n'engagera le donateur et ne produira au-*

« *cun effet, que du jour qu'elle aura été acceptée*
« *en termes exprès.* »

SECTION II.

Des donations entre époux pendant le mariage.

Le Code Napoléon n'a pas reproduit la prohibition des donations entre époux que nous avons trouvée dans le droit romain antérieur à Caracalla , et dans la plupart des coutumes de la vieille France. Il a au contraire permis aux époux de se faire pendant le mariage les donations qu'ils jugeraient à propos ; seulement , pour que cette faculté ne dégénérât pas en abus, pour que la captation fût impossible , ou du moins pour qu'elle fût facilement réparable , l'art. 1096 déclare que les donations entre époux pendant le mariage seront essentiellement révocables. De cette manière, tous les intérêts sont sauvegardés. Les conjoints ne se trouvent pas dans l'impossibilité de s'exprimer par des dons leur affection et leur reconnaissance, et d'autre part l'époux faible n'est pas exposé à se voir dépouiller par un conjoint cupide. Une libéralité que le donateur a pu révoquer toute sa vie par un acte secret et qu'il a laissée subsister, doit être considérée en général comme la libre manifestation de sa volonté.

Deux articles seulement sont consacrés à poser les règles des donations entre époux. De là, bien des incertitudes et bien des controverses, car les questions surgissent de toute part et les textes font défaut. Si donc l'on ne raisonne que par analogie dans chaque espèce particulière, si l'on ne cherche pas un point d'appui dans quelque principe général, on n'arrivera qu'à des conclusions suspectes, dont l'esprit ne sera pas satisfait. Essayons de déterminer avec précision le caractère des donations dont nous avons à nous occuper ; ce caractère une fois connu, il ne restera plus guère qu'à tirer des conséquences et à faire application du principe que nous aurons mis en lumière.

§ 1er. — De la nature des donations entre époux pendant le mariage.

La loi, en déclarant révocables les donations entre époux, a-t-elle entendu en faire des donations à cause de mort que leur nature de contrat empêcherait de confondre avec les legs, mais qui en suivraient les règles pour la capacité, les formes, la réduction et la caducité? Au contraire, ces donations, malgré leur révocabilité, sont-elles restées des donations entre vifs? Cette dernière opinion nous paraît préférable. En effet, il n'y a que deux modes de disposer à titre gratuit : la donation entre vifs et le testament. L'art. 893 le décide formellement. Or, la donation entre époux n'est pas un testament, puisqu'elle résulte de l'accord de deux volontés, et que le législateur prend soin de dire qu'elle ne sera pas révoquée par la survenance d'enfants au donateur. C'est donc une donation entre vifs. D'ailleurs, l'art. 1097 ne suppose-t-il pas nécessairement la possibilité de donations entre vifs intervenant entre époux pendant le mariage, lorsqu'il leur défend les dispositions gratuites dans un même acte *soit entre vifs*, soit par testament?

Vainement objecterait-on que le Code, dans l'art. 1096, a prévu le cas où les époux qualifieraient *entre vifs* les donations qu'ils se feraient, et par là même montré qu'elles n'avaient pas ce caractère par elles-mêmes. En effet, rien ne prouve que l'art. 1096 ait voulu faire allusion à la qualification que les parties pourraient donner dans l'acte à leur libéralité. Il a plutôt songé à la qualification légale de cette libéralité. En second lieu, quand même on admettrait la première interprétation de l'article 1096, comme le remarque M. Demolombe, « cet article n'aurait pour but que d'imprimer « le caractère de révocabilité à la donation

« entre époux; de telle sorte que l'époux do-
« nateur n'y pût porter atteinte par aucune re-
« nonciation directe ou indirecte, par aucune
« qualification quelconque, comme celle de do-
« nation entre vifs. »

La solution de cette question entraîne la solution de plusieurs autres. Maintenant, en effet, que nous sommes fixés sur la nature des donations entre époux pendant le mariage, nous déterminerons sans difficulté dans quelles formes elles peuvent avoir lieu, et quelle capacité est exigée dans l'époux donateur. L'examen de ces deux questions fera l'objet des deux paragraphes suivants.

§ 2. — Des formalités auxquelles sont assujetties les donations entre époux.

Les donations entre époux étant des donations entre vifs, doivent être faites par acte notarié avec minute (art. 931), et comme le Code ne dispense de la formalité de l'acceptation expresse que les donations par contrat de mariage entre futurs époux (art. 1087), il est nécessaire qu'elles soient expressément acceptées (932). Quand elles ont pour objet des biens présents, elles sont soumises à la nécessité d'un état estimatif pour les meubles, et de la transcription pour les immeubles. Ces deux points sont pourtant contestés. Puisqu'elles sont révocables, à quoi bon, dit-on, un état estimatif qu'on exige d'ordinaire uniquement comme sanction de la règle *donner et retenir ne vaut?* A quoi bon la transcription, puisque le donateur, en aliénant l'immeuble donné ou en l'hypothéquant, révoque tacitement sa donation, eût-elle été transcrite, et par suite concède aux tiers un droit réel inattaquable? Nous n'admettons pas cette manière de voir; et si l'état estimatif, si la transcription ne sont pas utiles au point de vue où l'on se place, leur utilité nous paraît incontestable à un autre point de vue. L'état estimatif met les meubles donnés à l'abri de la saisie des créanciers chirographaires postérieurs à la donation, et sert en outre au donateur, quand, en cas de révocation, il veut reprendre ces mêmes meubles. La transcription, de son côté, n'est pas moins nécessaire; elle empêche la saisie des immeubles par les créanciers chirographaires postérieurs à la donation, comme l'état estimatif empêche celle des meubles; et, en second lieu, elle permet d'opposer la donation aux tiers qui acquièrent sur les biens du donateur des hypothèques légales et judiciaires. Il est impossible de voir l'intention de révoquer la donation dans ce fait que le donateur a contracté des obligations, ou que des hypothèques non consenties par lui sont venues grever ses biens.

Les époux ne peuvent pendant le mariage se faire, ni par acte entre vifs, ni par testament, aucune donation mutuelle ou réciproque dans un seul et même acte (1097). Cette règle n'est que la reproduction de la règle posée en l'article 968 pour les testaments; elle se justifie de la même manière dans le cas des deux articles. En effet, toute donation entre époux est, comme tout testament, essentiellement révocable. Une donation mutuelle faite entre époux par un seul et même acte perdrait ce caractère; car les deux libéralités qu'elle renferme étant étroitement liées, l'une ne pourrait être révoquée sans le consentement de celui qui a fait l'autre.

Du reste, l'art. 1097 ne s'applique pas aux donations mutuelles que les époux se sont faites par deux actes séparés, mais reçus par le même notaire, immédiatement l'un après l'autre. La jurisprudence et les auteurs sont unanimes aujourd'hui pour rejeter l'opinion contraire qu'avait consacrée un arrêt de Rennes du 15 thermidor an XIII. C'est un principe général qu'on doit toujours strictement interpréter les articles qui prononcent la nullité de telle ou telle classe d'actes.

Les dons manuels sont permis entre époux, et cependant, en fait, la plupart du temps ils sont irrévocables. C'est un inconvénient qu'on ne pouvait éviter. Si ont les eût défendus, ils eussent eu lieu malgré la défense de la loi, et comme on n'eût pu faire en général la preuve de leur existence, ils seraient demeurés inattaquables.

§ 3. — De la capacité exigée dans l'époux donateur.

Pour qu'un époux puisse faire une donation à son conjoint, il faut qu'il soit majeur de vingt-un an. C'est encore une conséquence du principe établi plus haut, que les donations entre époux sont des donations entre vifs. L'époux qui est mineur ne peut disposer gratuitement au profit de son conjoint que par testament, et encore, suivant la règle générale d'une part, il est nécessaire qu'il ait seize ans accomplis; d'autre part, sa libéralité ne doit jamais excéder la moitié de ce qui serait disponible entre ses mains s'il avait déjà atteint sa majorité.

§ 4. — Des biens que peuvent comprendre les donations entre époux.

Les donations entre époux pendant le mariage peuvent se présenter, comme les donations entre futurs époux par contrat de mariage, non-seulement sous la forme de donations de biens présents, mais encore sous celles de donations de biens à venir, de donations cumulatives de biens présents et à venir, enfin, de donations sous condition potestative de la part du donateur. Cela résulte des art. 943 à 947 qui posent la règle *donner et retenir ne vaut* en matière de donations entre vifs, et qui en exceptent les donations dont il est fait mention aux chap. 8 et 9 ; or, le chapitre 9 traite des donations entre époux pendant le mariage aussi bien que des donations entre futurs époux par contrat de mariage; l'exception comprend donc les premières comme les secondes.

Ces principes ne sont pas contestés; mais on a soulevé dans ces derniers temps une question fort délicate sur leur application aux immeubles dotaux.

La femme mariée sous le régime dotal peut-elle en disposer à titre gratuit au profit de son mari? La plupart des jurisconsultes pensent que la solution ne doit pas être la même suivant qu'on se place dans l'hypothèse d'une donation de biens présents ou d'une donation de biens à venir.

Première hypothèse. — La donation de biens présents qu'une femme dotale fait à son mari sur ses immeubles dotaux est-elle une donation valable?

Nous savons que d'après l'article 1554, les immeubles constitués en dot ne peuvent être aliénés ou hypothéqués, pendant le mariage, par la femme, sauf les exceptions contenues aux articles suivants. On peut donc ramener la question qui nous occupe à celle de savoir si la donation qu'une femme dotale fait à son mari sur ses immeubles dotaux doit être considérée comme une aliénation de ces immeubles faite pendant le mariage, ou si au contraire, à raison de son caractère essentiel de révocabilité, il ne faut pas plutôt l'assimiler au testament qui n'a d'effet définitif qu'à la mort du disposant. Pour nous qui croyons avoir démontré que la donation entre époux est par sa nature une donation entre vifs, il n'y a pas de difficulté possible. La donation dont il s'agit dessaisit immédiatement la femme donataire, lui laisse, il est vrai, la faculté de reprendre l'immeuble donné, mais enfin la dépouille pour le moment et même l'oblige naturellement à ne pas révoquer sans motifs sérieux sa libéralité. Il y a donc là une véritable aliénation, qui ne peut échapper à la règle prohibitive de l'art. 1554.

Deuxième hypothèse. — Si, au lieu d'une donation de biens présents, il s'agit d'une donation de biens à venir, la décision doit-elle être identique? La négative a de nombreux partisans, car au premier abord la donation de biens à venir semble n'enlever pour l'instant aucun droit important au donateur. Examinons s'il en est ainsi en réalité, et supposons un moment que le donataire est non pas le mari de la femme dotale, mais un tiers qui va contracter mariage. Nous savons que par l'effet de toute donation de biens à venir, le donateur perd le droit de disposer gratuitement des biens compris dans la donation. La femme dotale qui donnerait donc à un tiers, par voie d'institution contractuelle, ses immeubles dotaux en tout ou en partie ne pourrait plus dans la suite constituer ces mêmes immeubles en dot à ses enfants, et les intérêts de la famille que le régime dotal a pour but de sauvegarder seraient gravement compromis. La femme dotale par conséquent est dans l'impossibilité de donner ses biens dotaux aux tiers sous la forme de donation de biens à venir. Mais est-elle dans la même impossibilité à l'égard de son mari ? La donation qu'elle lui ferait serait essentiellement révocable ; les constitutions de dot postérieures qu'elle voudrait faire au profit de ses enfants avec les biens donnés seraient parfaitement valables, la donatrice conserverait tous ses droits, mais en fait elle ne serait souvent pas libre de dépouiller son mari donataire en faveur par exemple d'un enfant qu'elle aurait d'un précédent mariage. Cette dernière considération est la seule qui puisse faire penser que les donations dont nous nous occupons sont prohibées par l'esprit de la loi.

§ 5. — Des effets de la donation entre époux.

L'effet principal de la donation entre époux est de conférer la saisine au donataire, c'est-à-dire tous les droits du disposant, immédiatement, si c'est une donation de biens présents, à la mort de ce dernier, si c'est une donation de biens à venir, une donation cumulative de biens présents ou à venir, ou une donation sous condition *potestative* de la part du donateur.

Toutes ces donations sont révocables pour ingratitude du donataire ou inexécution des conditions; elles ne le sont pas pour survenance d'enfants. Comme le donateur a un droit général et absolu de révocation, la règle que nous venons de poser ne présente d'utilité que si le donateur est interdit ou si l'action doit être exercée par les héritiers.

Mais nous avons à examiner un point plus important, c'est-à-dire la question de savoir si les donations entre époux sont caduques par le prédécès du donataire. Cette question n'est controversée qu'à l'égard des donations de biens présents, car pour les donations de biens à venir on ne peut hésiter à répondre affirmativement. Lorsque celles-ci ont lieu par contrat de mariage, l'art. 1093 les déclare formellement non transmissibles aux enfants issus du mariage. Comment n'en serait-il pas de même lorsqu'elles sont faites après le mariage célébré? Mais quant aux donations de biens présents, il y a désaccord parmi les interprètes du Code C'est dans le sens de la négative que s'est fixée la jurisprudence de la Cour suprême. La doctrine, au contraire, adopte en général l'opinion opposée, et c'est à cette dernière opinion que nous croyons devoir adhérer.

Nous n'attachons pas grande importance aux arguments historiques que de part et d'autre on a l'habitude d'invoquer. C'est qu'en effet, selon nous, ils se balancent et se neutralisent complétement.

Les donations entre époux, disent les partisans de la caducité, étaient caduques, dans l'ancien droit, partout où elles se trouvaient permises, c'est-à-dire dans les pays de droit écrit. Si le Code avait voulu changer cet état de choses, il s'en fût expliqué. Or, ni les deux articles consacrés à la matière des donations entre époux, ni les travaux préparatoires du Code ne peuvent faire penser que telle ait été l'idée du législateur moderne. Pourtant cela eût été au moins aussi nécessaire qu'à l'égard des donations de biens présents par contrat de mariage, qui n'étaient pas caduques dans toutes les provinces où elles étaient autorisées, et que l'art. 1092 du Code Nap. a déclarées n'être pas subordonnées à la survie du donataire.

Il est vrai, répondent les adversaires de la caducité, que les donations entre époux étaient autrefois caduques par le prédécès du donataire ; mais le droit romain, qui les déclarait telles, les considérait comme donations à cause de mort. Le Code Napoléon, au contraire, en a fait des actes entre vifs. On n'a donc pas le droit de conclure, de ce qui était dans l'ancienne législation, à ce qui doit être dans la nouvelle. L'art. 1097, du reste, décide formellement que les donations entre époux seront toujours révocables. Or, avant 89, elles étaient : 1° révocables ; 2° caduques par le prédécès du donataire. N'est-on pas en droit de dire que la loi, en leur conservant expressément un de ces deux caractères, a voulu par là même leur enlever implicitement celui dont elle ne parle pas?

Jusqu'ici, comme on le voit, nous n'avons guère avancé vers la solution de la difficulté. C'est que cette solution est ailleurs, et qu'il faut la chercher dans la nature des donations entre époux. Mais pourtant, sur ce terrain encore, nous rencontrons des jurisconsultes qui soutiennent la négative, et qui, eux aussi, se décident en interrogeant les principes fondamentaux du

Code. Il s'agit, nous disent-ils, de donations entre vifs qui saisissent immédiatement le donataire; par conséquent, ce donataire, à quelque époque qu'il meure, mourra propriétaire et sera en mesure de transmettre à ses héritiers les biens qu'il aura reçus. Nous ne contestons pas le point de départ, mais uniquement la conclusion. Les donations entre époux sont des actes entre vifs; seulement ce sont des actes entre vifs essentiellement révocables. Or, la caducité par le prédécès du donataire est la conséquence forcée de la révocabilité absolue. Notre chapitre nous en fournit la preuve en nous citant l'exemple des donations de biens à venir et des donations cumulatives de biens présents et à venir, par contrat de mariage, donations qui ne sont pas pleinement révocables, dont le titre au moins ne peut être révoqué, et qui pourtant sont caduques si le donataire ne survit pas au donateur.

§ 6. — Des modes divers de révocation des donations entre époux, et des effets de cette révocation.

La loi n'a tracé aucune forme pour la révocation des donations entre époux. A-t-elle entendu indiquer par là qu'on devait se reporter aux règles fixées dans les art. 1035-1038, pour la révocation des testaments? C'est ainsi que la plupart des auteurs interprètent le silence du Code sur ce point. L'opinion contraire est pourtant soutenue par des jurisconsultes. Les règles des art. 1035-1038 ne doivent être considérées, selon eux, à l'égard des donations entre époux, que comme raison écrite, et les magistrats peuvent reconnaître une révocation expresse ou tacite dans des actes passés dans une autre forme que celle prescrite par l'article 1035, et dans un concours de faits autres que ceux déterminés par l'art. 1038. Cette opinion est celle que nous adoptons, et nous ne voyons pas comment la Cour suprême pourrait casser un arrêt de Cour d'appel qui n'aurait pas appliqué à la révocation des donations entre époux les art. 1035 et 1038.

Une dernière difficulté nous reste à résoudre. La révocation peut-elle nuire aux tiers acquéreurs des biens donnés, ou faut-il, au contraire, leur faire application de l'art. 958 qui les protége en cas de révocation pour cause d'ingratitude? Dans ce dernier sens, on observe que la révocabilité des donations entre époux n'est autre chose qu'une garantie pour le donateur contre la captation et l'ingratitude, et qu'on doit dès lors appliquer les règles sur la révocation pour ingratitude aux cas où l'époux donateur use de son droit général de révocation.

C'est avec raison qu'on a répondu à cette

argumentation, que la captation originaire ne pouvait pas être assimilée à l'ingratitude. Du reste, est-ce que l'impossibilité d'agir contre les tiers détenteurs ne serait pas l'annihilation indirecte des droits de révocation ? car l'époux donataire se hâterait d'aliéner, et si plus tard il se trouvait insolvable, le donateur n'aurait plus qu'un droit illusoire. Une exception au principe général : *soluto jure dantis solvitur jus accipientis,* n'était pas nécessaire dans notre espèce, parce que les tiers acquéreurs connaîtront toujours la révocabilité de la donation, tandis qu'on ne pouvait pas exiger, en cas de simples donations entre vifs, que les ayants cause du donataire songeassent à l'ingratitude dont peut-être celui-ci se rendrait plus tard coupable, et qui amènerait la résolution de son droit de propriété.

SECTION III.

De la quotité disponible entre époux.

La quotité disponible entre époux est fixée par les art. 1094 et 1098. Deux hypothèses sont successivement prévues par le Code : celle où l'époux donateur a des ascendants pour héritiers, et celle où il a au contraire pour héritiers des enfants ou descendants.

§ 1er. — De la quotité disponible entre époux lorsque le donateur à des ascendants pour héritiers.

Si l'époux donateur a des ascendants pour héritiers, il a pu donner à son conjoint tout ce qu'il aurait pu donner à un étranger, et en outre l'usufruit de la totalité de la réserve. On arrivera ainsi à ce résultat peu rationnel que l'époux donataire étant souvent plus jeune que les ascendants réservataires, il ne restera à ceux-ci qu'une nue propriété dont ils ne pourront retirer quelque utilité pour eux-mêmes qu'en l'aliénant.

§ 2. — De la quotité disponible entre époux lorsque le donateur a pour héritiers des enfants ou descendants.

Si l'époux donateur a des enfants ou descendants pour héritiers, deux cas sont à distinguer : celui où il n'existe pas et celui où il existe des enfants ou descendants d'un mariage antérieur.

1° *Il n'y a pas d'enfants d'un mariage antérieur.*

Dans ce premier cas les libéralités de l'époux donateur en faveur de son conjoint ont pu être d'un quart de la propriété, plus d'un quart en usufruit ou de la moitié de l'usufruit seulement. C'est ce que nous dit l'art. 1094. Mais pourquoi prend-il soin de déclarer que l'usufruit de la moitié peut être donné par l'un des époux à l'autre lorsqu'il a déjà permis la donation du quart de la pleine propriété, plus du quart de l'usufruit? Au premier aspect, cela paraît être une naïveté. Ce n'en est pas une pourtant; car si les rédacteurs du Code ne s'étaient pas formellement exprimés on aurait pu raisonner de la manière suivante : un quart en pleine propriété, d'après le droit fiscal, équivaut à la moitié en usufruit; donc le disponible en usufruit doit être l'usufruit des trois quarts des biens; conclusion, comme on le voit, qui n'eût pas été conforme à la volonté du législateur.

L'art. 917 doit-il recevoir ici son application? Nous savons que d'après cet article, « si la disposition par acte entre vifs ou par testament est d'un usufruit ou d'une rente viagère dont la valeur excède la quotité disponible (en usufruit), les héritiers au profit desquels la loi fait une réserve auront l'option ou d'exécuter cette disposition ou de faire l'abandon de la propriété de la quotité disponible. » En est-il ainsi, lorsqu'il s'agit d'une donation entre époux comme cela a lieu pour les donations au profit des tiers? Par exemple, l'époux qui a reçu de son conjoint une libéralité en usufruit des deux tiers, des trois quarts ou de toute autre fraction plus forte que la moitié, peut-il exiger que les enfants lui laissent la libéralité entière ou lui abandonnent un quart d'usufruit avec un quart de pleine propriété? Au contraire, est-il tenu de subir la réduction de sa donation ou de son legs d'usufruit et de s'en tenir à un usufruit de moitié?

Le projet du Code civil n'admettait pas le système consacré aujourd'hui par l'art. 917. L'article 17 de ce projet portait, en effet: « La donation en usufruit ne peut excéder la quotité dont on peut disposer en propriété, en telle sorte que le don d'un usufruit ou d'une pension est réductible au quart, à la moitié, au tiers du revenu total dans les cas ci-dessus exprimés. » Ce principe parut trop sévère au conseil d'État. De même qu'il eût été inique de permettre au disposant de ne laisser à ses réservataires qu'une simple nue propriété, de même il était trop rigoureux d'autoriser un enfant à faire réduire une libéralité par cela seul qu'elle dépasserait un peu la moitié des revenus de la succession, alors même qu'il se trouverait avoir déjà presque la moitié de ces revenus et la totalité de la nue propriété. C'est pourquoi, dans le but de concilier tous les droits et d'éviter des estimations la plupart du temps incertaines, l'article 917 fut rédigé dans sa forme actuelle.

Nous pensons que l'époux donataire doit profiter du bénéfice de cette rédaction dernière. Les règles sur la quotité disponible entre époux sont extensives et non restrictives des règles sur la quotité disponible ordinaire. D'ailleurs, si on adoptait l'opinion opposée, on serait nécessairement conduit à un résultat inadmissible. Comme l'art. 1098 ne s'occupe pas des dispositions d'usufruit qu'on peut faire au profit d'un nouvel époux, il n'y aurait aucune raison pour ne pas appliquer en ce cas l'article 917, de manière que les enfants héritiers réservataires auraient moins de droits vis-à-vis de leur beau-père ou belle-mère que vis-à-vis de leur père ou mère, puisqu'ils pourraient réduire les donations d'usufruit faites à ceux-ci jusqu'à concurrence de l'usufruit du disponible en pleine propriété; et au contraire, seraient obligés de respecter toutes les donations d'usufruit faites aux premiers, à moins de leur donner en échange le disponible en pleine propriété.

Arrivons maintenant aux graves questions que soulève notre matière. Et d'abord, la quotité disponible entre époux est-elle toujours supérieure ou au moins égale à la quotité disponible ordinaire? Quand il y a trois enfants ou un plus grand nombre, cette quotité étant d'un quart en propriété et d'un quart en usufruit, dépasse évidemment celle fixée par l'art. 913, qui n'est que d'un quart en pleine propriété. De même encore quand il y a deux enfants : car la seconde est d'un tiers ou $\frac{3}{9}$; et, si on réduit la première à une valeur en pleine propriété, d'après le système de la Cour de cassation, on reconnaît qu'elle vaut $\frac{3}{8}$. Enfin, quand il n'y a qu'un enfant, on peut disposer en faveur d'étrangers de la moitié de sa succession. Peut-on en disposer aussi en faveur de son conjoint, ou bien ne peut-on lui attribuer que cette moitié, déduction faite du quart de la nue propriété ? Les auteurs, comme les Cours, sont divisés sur ce point. Quant à nous, c'est la première opinion qui nous paraît préférable, comme plus conforme au texte et à l'esprit de la loi, en même temps qu'aux principes généraux du droit et aux traditions historiques de notre législation.

Nous reconnaissons que les textes ne nous fournissent, pas plus qu'à nos adversaires, aucune preuve certaine et indubitable; seulement il nous semble qu'on en peut tirer des inductions qui ont quelque degré de probabilité. Nous ne rappelons qu'en passant et sans nous y arrêter l'argument peut-être un peu puéril qui consiste à faire observer que l'art. 1094 prévoit uniquement le cas où le disposant a des enfants, laissant de côté, et par suite sous l'application de l'art. 913, celui où le disposant n'en a qu'un seul. Mais nous croyons fortifier davantage l'opinion que nous soutenons en notant les expressions dont se sert la loi à propos de la quotité disponible ordinaire. Alors les formules qu'elle emploie sont toujours restrictives : *Les libéralités*, dit-elle, *ne pourront excéder....* Au contraire, dans notre chapitre, ses formules sont permissives : *L'époux pourra donner....* N'est-on pas autorisé à induire, de cette remarque, le caractère extensif et non limitatif de l'art. 1094 ?

Il est vrai qu'on nous oppose l'art. 1099 : « Les époux ne pourront se donner indirectement au delà de ce qui leur est permis par les dispositions ci-dessus. » Or, dit-on, cet article ne se réfère pas uniquement à l'art. 1098, mais bien aussi à l'art. 1094. Nous ne contestons pas cette conclusion, mais nous ajoutons seulement que la question reste intacte ; car, d'après nous, l'art. 1094 doit être complété par l'art. 913, et l'art. 1099, qui renvoie formellement au premier, renvoie implicitement au second.

Les principes généraux du droit concordent avec l'interprétation que nous adoptons. Notre législation moderne traite les conjoints avec rigueur. Elle ne les appelle à la succession l'un de l'autre qu'à défaut de tout parent au degré successible. Elle ne confère à la femme survivante aucun douaire, ainsi que le faisaient nos anciennes coutumes. Le lien du sang n'existant pas, elle n'a voulu accorder aux époux que des droits réciproques très-restreints. Mais n'est-il pas naturel de penser que son intention a été de concéder à ces époux la liberté de remplir la lacune qui existait à leur égard et de se faire des avantages assez étendus, lorsqu'un lien d'affection se serait formé entre eux?

Si maintenant nous recherchons l'esprit de la loi, nous arrivons encore à la même conclusion. Rapprochons, en effet, les unes des autres, les diverses dispositions relatives à la quotité disponible entre époux, et sur lesquelles il n'y a pas de controverse possible. En l'absence de réservataires ordinaires, l'époux peut recevoir la totalité des biens comme un étranger. En présence d'ascendants, il peut recevoir de plus qu'un étranger, l'usufruit de la réserve de ces ascendants. Enfin, en présence de trois ou même de deux enfants, il peut encore recevoir plus qu'un étranger. Comment comprendrait-on qu'il dût recevoir moins qu'un étranger quand il n'y a qu'un enfant !

Une objection cependant nous est faite. On conçoit très-bien, dit-on, ce qui aurait déterminé la loi à fixer une quotité disponible entre époux, inférieure à la quotité disponible ordinaire; car c'est un principe, en législation, qu'il faut se montrer d'autant plus rigoureux pour prévenir un abus, que cet abus est plus à craindre. *Lex arctius prohibet quod facilius fieri putat.* Or, il est incontestable qu'un père de famille sera, en général, plus disposé à dépouiller ses descendants au profit de sa femme qu'au profit d'étrangers. Nous n'avons pas à contester la valeur théorique de la maxime qu'on invoque contre nous. Nous observons seulement que le législateur n'en tient pas compte toutes les fois que l'époux donataire se trouve en présence d'héritiers non réservataires, ou d'ascendants, ou de plusieurs enfants. Pourquoi alors supposer qu'il a entendu l'appliquer quand il y a concours entre cet époux donataire et un enfant unique? Nous ajoutons d'ailleurs que s'il est à craindre de voir les conjoints se faire de trop grandes libéralités, il est désirable, lorsqu'ils ont résolu de priver leurs descendants d'une partie de leur fortune, qu'au moins ils ne le fassent pas en faveur d'étrangers.

Il nous reste à étudier les travaux préparatoires du Code relativement à la question qui nous occupe. Quoiqu'on s'appuie sur eux de part et d'autre, ils ne nous en paraissent pas moins achever de démontrer l'exactitude de notre solution. Nous suivrons dans cette étude le savant professeur de Toulouse, M. Benech, qui a le premier émis et soutenu l'interprétation que nous donnons à l'art. 1094 et qu'adoptent aujourd'hui la plupart des auteurs.

En thermidor an VIII un projet de Code civil était présenté par M. Jacqueminot à la commission législative du conseil des Cinq-cents. L'art. 16 de ce projet réglait la quotité disponible ordinaire : « Les donations soit entre vifs, « soit à cause de mort, » portait cet article, « ne « peuvent excéder le quart des biens du donateur « s'il laisse après son décès des enfants ou descen- « dants, la moitié s'il laisse des ascendants, frères « et sœurs, des descendants de frères et sœurs, « les trois quarts s'il laisse des oncles, grands- « oncles ou cousins germains. » Ainsi, la quotité disponible ne se trouvait pas graduée comme elle l'est aujourd'hui d'après le nombre des enfants et descendants. Elle était invariablement fixée au quart des biens. Quant à la quotité disponible entre époux, l'art. 151 du même projet s'en occupait, et l'art. 1094 n'en est que la reproduction textuelle. Du rapprochement de ces deux art. 16 et 151, une chose ressort d'une manière évidente, c'est que, dans le projet Jacqueminot, la quotité disponible entre époux excédait, dans tous les cas possibles, la quotité disponible ordinaire. Nous ne concluons encore rien pour le moment et, après avoir noté ce premier fait, nous poursuivons l'examen des travaux législatifs qui précédèrent la confection définitive de notre Code.

Après la révolution de brumaire, les commissaires du gouvernement consulaire adoptèrent purement et simplement les dispositions précédentes relatives à la quotité disponible. Malgré les réclamations diverses des tribunaux d'appel et de cassation, rien ne fut changé à ces dispositions, qui furent ainsi soumises au conseil d'État par M. Bigot de Préameneu. Le chapitre 2 du nouveau projet de Code qui contenait l'art. 16 du projet Jacqueminot fut discuté le 21 pluviôse an XI (10 février 1803), et c'est dans cette séance que le consul Cambacérès fit admettre l'amendement qui proposait la graduation de la quotité disponible ordinaire suivant le nombre des enfants. Notre art. 913 reçut alors la forme qu'il a aujourd'hui. Le père de famille fut autorisé à donner aux étrangers la moitié de ses biens s'il n'avait qu'un enfant, le tiers s'il en avait deux, le quart s'il en avait trois ou un plus grand nombre. Le 27 ventôse an XI (18 mars 1803), le conseil d'État arriva à la discussion du chapitre 9 du projet des commissaires. L'art. 151 du projet Jacqueminot sur la quotité disponible était devenu l'art. 172 de ce chapitre mais n'avait reçu aucune modification. On l'adopta sans débat. Le même jour fut encore discuté l'art. 176 qui avait trait à la quotité disponible entre époux pour le cas de secondes noces. « L'homme ou la femme qui ayant des enfants d'un autre lit contractera un deuxième ou subséquent mariage ne pourra donner à son nouvel époux qu'une part d'enfant légitime le moins prenant et en usufruit seulement. » Sur la demande du consul Cambacérès, on décida qu'au lieu d'une simple part d'enfant en usufruit, l'époux qui se remariait aurait le droit de donner à son nouveau conjoint une part en propriété. Ce premier amendement une fois admis, un autre fut présenté par M. Berlier dans le but de fixer un maximum qui ne devrait jamais dépasser les donations de mari à femme ou de femme à mari quand il y aurait des enfants d'un mariage précédent, car, disait-il, *s'il n'y avait qu'un enfant ou deux du premier mariage et point du second, le nouvel époux pourrait, en partageant avec eux, avoir $\frac{1}{2}$ ou $\frac{1}{3}$ de la succession*. La proposition de M. Berlier fut adoptée, et le maximum de la part d'enfant fixé au quart du patrimoine du disposant. Un argument puissant en faveur de notre doctrine se tire naturellement de l'observation de M. Berlier et de sa prise en considération par le conseil d'État. Cette observation et sa prise en considération prouvent en effet que les rédacteurs du Code entendaient faire profiter les époux de l'élévation de la quotité disponible ordinaire; c'est ce que nous voudrions montrer par quelques explications.

Pourquoi M. Berlier présenta-t-il son amendement? Pourquoi le conseil d'État le consacra-t-il par son vote? Parce qu'autrement, en cas de second mariage, l'époux remarié aurait pu donner à son conjoint $\frac{1}{2}$ ou $\frac{1}{3}$ de ses biens toutes les fois qu'il n'y aurait eu qu'un ou deux enfants de la première union, et point de la nouvelle. Nous reproduisons presque les termes de M. Berlier, mais le cas qu'il prévoyait n'était qu'un simple exemple, et la décision eût dû être la même si au lieu de deux enfants du précédent mariage il y avait eu un enfant de ce mariage et un du mariage postérieur. On aurait tort d'attacher trop d'importance à ces mots : *point de la nouvelle union*, et d'en tirer un argument *a contrario*. M. Berlier et le conseil d'État pensaient que si aucune disposition restrictive n'était mise dans l'article en discussion, l'époux remarié pourrait donner à son conjoint une part d'enfant qui s'élèverait à la moitiéuo au tiers de sa succession. Mais si telle était leur opinion, on ne peut pas supposer qu'elle fût différente quand il s'agissait d'un époux marié en premières noces et qu'il n'y avait qu'un ou deux enfants communs. La quotité disponible entre époux a toujours été plus élevée, les libéralités entre époux ont toujours été plus favorisées, en cas de premier qu'en cas de second mariage. Si donc au moment où l'on discutait l'article qui est aujourd'hui l'art. 1098, et avant l'adoption de l'amendement Berlier, la quotité disponible entre époux en cas de second mariage pouvait dans certaines hypothèses être du tiers ou de la moitié de la succession, c'est qu'*a fortiori* il en était de même en cas de premier mariage, c'est que l'art. 172 du projet de Code n'était pas limitatif, c'est que la quotité disponible entre époux devait être toujours supérieure ou égale à la quotité disponible ordinaire.

Le second projet de Code civil dont nous venons d'étudier les règles relatives à la quotité disponible, rédigé conformément aux amendements adoptés par le conseil d'État, fut officieusement communiqué à la section de législation du Tribunat. La section proposa alors formellement le système que nous défendons comme celui du Code. *Il est juste,* observe-t-elle, *qu'un époux puisse donner à l'autre autant qu'il pourrait donner à un étranger*. Cette proposition n'amena aucun changement dans le projet; mais qu'en faut-il conclure? Que le conseil d'État trouvait mauvais le principe dont le Tribunat demandait la consécration? Rien n'autorise une pareille conclusion. Nous avons montré que les rédacteurs du Code, tout au contraire, y avaient donné leur complète adhésion. Ils ne tinrent pas compte de l'observation des tribuns, parce que la rédaction de l'art. 172 leur paraissait suffisamment claire. C'était une erreur de leur part, la controverse actuelle en fait foi, mais enfin c'était là leur pensée. D'autres modifications, en effet, réclamées en même temps par le Tribunat, quant à cet art. 172, la substitution du mot *ascendants* au mot *héritiers*, l'addition des mots *par donation entre vifs ou testament*, n'eurent pas lieu davantage, et cependant personne n'en a jamais conclu que le mot *héritiers* s'étendait à d'autres qu'aux *ascendants* ou que l'art. 172 ne devait pas s'appliquer aux testament, comme aux donations entre vifs. Le refus du conseil d'État de faire droit à toutes ces réclamations indique une seule chose, c'est qu'à ses yeux son dissentiment avec le Tribunat portait sur les mots et non sur les choses.

Nous devons avouer, en terminant, que l'exposé des motifs de M. Bigot de Préameneu au Corps Législatif et le rapport du tribun Jaubert à l'assemblée générale du Tribunat contiennent des fragments contraires à notre solution : « Si l'époux laisse des enfants, il ne « pourra être autorisé à laisser à l'autre époux « qu'une partie de sa fortune, et cette quo« tité est fixée à un quart de tous les biens en « propriété et à un autre quart en usufruit, ou « la moitié de la totalité en usufruit. Après « avoir ainsi borné la faculté de disposer... « si la disposition avait excédé ces bornes, « elle serait réduite proportionnellement. » En présence des discussions antérieures qui avaient eu lieu au sein du conseil d'État et que nous avons rapportées, nous croyons pouvoir regarder comme une opinion personnelle et non comme une opinion du législateur, cette interprétation de l'art. 1094 dans un sens prohibitif. Ce qui semble surtout nous donner le droit de le faire, c'est qu'un peu plus tard le rapporteur des titres du contrat de mariage, M. Duveyrier, disait, sans que personne ne réclamât : « La défense faite par les coutumes aux « époux de s'avantager entre eux n'existe plus ; « un mari peut donner à sa femme, une femme à « son mari, comme à toute autre personne, la « quotité disponible de ses biens. » En s'attachant trop strictement à ces rapports ou exposés de motifs, on arriverait donc à des conclusions contradictoires. Il vaut mieux n'en tirer aucun argument et s'en tenir aux documents législatifs antérieurs. Or, nous croyons avoir démontré, à l'aide de ces documents, que l'intention de la loi n'a certainement pas été de fixer pour les époux une quotité disponible invariable, quel que soit le nombre des enfants, et que, par conséquent, l'art. 1094 doit être complété par l'art. 913, toutes les fois que la quotité disponible ordinaire est supérieure à la quotité disponible entre époux.

Deux autres questions méritent encore d'arrêter notre attention, avant que nous passions à l'étude de la quotité disponible en cas de second mariage. Ces deux questions ne comportent pas, du reste, de longs développements.

Première question. — Quel est le droit de l'époux donataire lorsque son conjoint lui a donné *tout le disponible?* Nous pensons qu'il peut réclamer la plus forte quotité, et que par exemple, dans le cas où il y aurait trois enfants communs, il serait en mesure de prendre, en vertu de la donation, un quart en pleine propriété, plus un autre quart en usufruit.

Si le donateur avait donné, sous l'alternative de la loi, *un quart en propriété et un quart en usufruit, ou une moitié en usufruit seulement*, le choix appartiendrait aux héritiers, par analogie des art. 1022 et 1190, à moins que la volonté contraire d'attribuer l'option aux donataires ne résultât des circonstances.

Deuxième question. — Le disposant peut-il dispenser de fournir caution son conjoint donataire d'usufruit?

La négative nous paraît préférable quant à l'usufruit qui porte sur la réserve des héritiers. Une dispense de fournir caution à l'égard de cet usufruit compromettrait les droits des réservataires et serait par là même en opposition aussi bien avec la lettre qu'avec l'esprit de la loi. Au contraire, nous ne voyons aucun inconvénient à ce que le donateur puisse dispenser de la caution son conjoint donataire, pour l'usufruit de ce dont il pouvait disposer en pleine propriété.

2° Il y a des enfants d'un mariage antérieur.

Nous avons étudié en détail l'édit des secondes noces, et nous en rappelons seulement les deux chefs, qui étaient la reproduction des lois romaines suivies dans les pays de droit écrit. Par le premier chef, il était défendu aux femmes veuves de donner à leurs nouveaux maris une part de leur succession plus forte que celle qui devait revenir à celui de leurs enfants le moins bien partagé. Par le second chef, il était établi que toute femme ayant reçu une donation de son mari prédécédé, serait tenue de conserver à ses enfants, jusqu'à sa mort, la totalité des biens donnés. La jurisprudence avait étendu aux maris ces prescriptions qui ne s'appliquaient qu'aux femmes, d'après le texte de l'édit.

Le Code Napoléon supprima comme organisant une substitution légale, la deuxième disposition de l'édit. Il ne maintint que la première, et y ajouta une nouvelle restriction : « L'homme ou la femme » dit l'art. 1098, « qui, ayant des enfants d'un autre lit, con-

« tractera un second ou subséquent mariage, « ne pourra donner à son nouvel époux qu'une « part d'enfant légitime le moins prenant, et « sans que, dans aucun cas, ces donations puis- « sent excéder le quart des biens. » Ainsi donc : 1° le disponible n'est jamais que d'une part d'enfant; 2° la part d'enfant sur laquelle il se mesure est celle de l'enfant le moins prenant; 3° il ne peut en aucun cas excéder le quart de la succession du donateur. Chacune de ses trois règles a besoin d'être précisée par quelques explications :

La première règle signifie que pour savoir si le disponible spécial de l'art. 1098 n'a pas été dépassé, il faut compter l'époux donataire comme un enfant de plus. D'après ce, si le donateur a quatre enfants héritiers pour égales portions, la donation qu'il peut faire à son conjoint est d'un cinquième de ses biens. On ne lui permet pas de disposer d'un quart, c'est-à-dire de ce qui serait une part d'enfant, si la donation n'avait pas eu lieu. Une telle interprétation serait contraire à l'art. 1098, parce qu'alors le donataire se trouverait avoir en réalité plus que chaque enfant.

Nous avons vu qu'autrefois dans l'opinion de certains auteurs, les choses devaient se passer autrement, qu'on calculait la part des enfants dans les biens laissés par le défunt, qu'on retranchait de la donation faite au second ou subséquent conjoint tout ce qui excédait dans cette donation la part ainsi calculée, et qu'enfin ce second ou subséquent conjoint n'était pas admis à profiter de la réduction avec les enfants. De cette manière, chaque enfant avait plus que l'époux donataire. L'art. 1098 repousse par son texte et par son esprit un tel résultat et, par suite, un tel mode de calcul.

Lorsque l'un des enfants de l'époux donateur est prédécédé, s'il a des descendants, il est représenté par eux, et le *quantum* de la réserve est le même que s'il vivait encore. Notre décision serait identique si l'enfant prédécédé avec postérité se trouvait être l'unique enfant du donateur. C'était pourtant dans l'ancien droit un point controversé. Pothier et Ricard pensaient que le disponible devait être réglé d'après le nombre des petits-enfants; l'édit, en effet, employait des expressions qui expliquaient cette opinion, si elles ne la légitimaient pas : *plus qu'à un de leurs enfants ou enfants de leurs enfants*. Sous l'empire du Code Napoléon, il n'y a plus d'équivoque possible ; l'art. 1098 dit simplement une part d'enfant.

La seconde règle se comprend sans commentaire. Si l'un ou plusieurs des enfants sont avantagés par préciput, en sorte que ces divers enfants aient des parts inégales, le nouveau conjoint ne peut pas avoir plus que celui qui a le moins.

Nous savons par quels motifs le conseil d'Etat a adopté, sur la proposition de M. Berlier, la troisième règle que ne contenait pas le projet du Code Napoléon présenté par les commissaires du gouvernement consulaire. Dans l'ancienne législation il n'y avait aucune restriction de ce genre. Pourvu que la valeur des objets donnés aux nouveaux conjoints n'excédât pas la part de l'enfant le moins prenant, aucune loi n'empêchait qu'elle s'élevât au tiers ou à la moitié du patrimoine de l'époux donateur.

On se demandait, avant le Code, et l'on peut se demander encore ce qu'il faut décider lorsque le donateur a déclaré donner une part d'enfant et qu'il vient à mourir sans laisser d'enfants ou descendants. Suivant Pothier et Ricard, le conjoint donataire avait droit en ce cas à la moitié de la succession, par application de la loi romaine : *partis appellatio non adjecta quota dimidia intelligitur.* Nous ne croyons pas qu'une telle prétention serait maintenant admise par les tribunaux. En donnant une part d'enfant, le donateur ne mettait pas en doute qu'il aurait des enfants, et par conséquent le *maximum* que, dans ses prévisions, sa donation pouvait atteindre était le quart de ses biens. Ce quart sera donc, selon nous, tout ce qu'aura droit de réclamer le donataire.

Évidemment, si la donation au lieu d'être d'une part d'enfant avait été du disponible, ou si le donateur avait eu soin d'expliquer qu'en cas où il n'y aurait pas d'enfants, son conjoint prendrait le tout, sauf la réserve des ascendants, il faudrait, sans hésitation, exécuter à la lettre la libéralité, parce que dans ce cas le sens de la donation ne serait plus incertain.

C'est une question très-délicate que celle de savoir quel doit être le disponible quand il y a plusieurs convols successifs.

Ainsi, certains jurisconsultes ont dit que la quotité fixée par l'art. 1098 pouvait être donnée en entier à chacun des subséquents conjoints, sous la seule condition que l'on ne dépassât pas le disponible de l'art. 913; que, par exemple, l'homme ayant un enfant d'une première femme avait la faculté de donner à une seconde le quart de sa fortune et à une troisième un autre quart. Avec cette doctrine, on arriverait à un résultat certainement contraire aux vues de la loi. Les nouveaux mariages se trouveraient encouragés. L'époux deux fois veuf augmenterait son disponible en se mariant encore une fois.

D'autres auteurs, rejetant cette première décision, ont prétendu qu'il ne suffisait pas, en effet, que le donateur ne sortît pas des bornes assignées par l'art. 913, car, même en ce cas, les donations faites aux seconds et subséquents conjoints étaient susceptibles de réduction. Suivant eux il faut, mais il faut seulement, qu'il ne dispose pas de plus du quart de ses biens et n'attribue à aucun des donataires une quotité supérieure à la part de l'enfant le moins prenant.

Cette opinion, nous devons l'avouer, n'est pas contredite par le texte de l'art. 1098; cependant nous ne l'admettons pas; nous nous rallions à ceux qui regardent comme nécessaire non-seulement que chacune des donations faites aux divers conjoints prise en particulier, mais encore que toutes réunies n'excèdent pas la part de l'enfant le moins prenant. C'est le système de l'ancien droit, et cet ancien droit, le Code a entendu le *maintenir* en cette matière pour toutes les hypothèses où il n'y aurait pas expressément dérogé: l'exposé des motifs le déclare d'une manière formelle.

§ 3. — Des rapports du disponible spécial des art. 1094 et 1098 avec le disponible ordinaire.

Il est possible qu'il y ait concours de libéralités faites à un conjoint avec des libéralités faites à d'autres personnes. Comment les choses doivent-elles alors se passer ? Evidemment, malgré un arrêt rendu en 1810 par la Cour d'Agen, les deux disponibles ne peuvent être cumulés. Jamais on ne peut donner à son époux le disponible des art. 1094 ou 1098 et en même temps à des étrangers celui des art. 913 ou 915. Le cumul des deux quotités disponibles réduirait la réserve des enfants à une fraction insignifiante, et en cas d'ascendants dépasserait tout le patrimoine. Jamais donc l'ensemble des libéralités ne doit excéder la quotité la plus forte. C'est un point constant aujourd'hui. Mais le disposant peut-il, sans distinction de circonstances, quel que soit l'ordre de ses dispositions, atteindre ce chiffre du disponible le plus élevé ? Suffit-il, pour que les donations soient à l'abri de toute réduction, d'une part que celle faite à l'époux ne dépasse pas les limites des art. 1094 et 1098, et celles faites aux autres personnes les limites des articles 913 et 915 ; d'autre part que toutes réunies elles soient inférieures ou tout au plus égales au plus haut des disponibles.

La jurisprudence répond négativement et formule ainsi sa règle : toutes les fois que celui en faveur de qui est établi le disponible le plus fort aura reçu le disponible le plus faible, aucune libéralité, si ce n'est à son profit, ne sera plus possible de la part du donateur. Ainsi, d'après ce système, celui qui a trois enfants et qui a donné à son conjoint la moitié de ses biens en usufruit, ne pourra plus transmettre à titre gratuit à un étranger, ce qui lui reste de son disponible entre époux, à savoir un quart en nue propriété. Au contraire, il eût été possible pour lui de faire cette dernière donation, s'il avait commencé par attribuer à l'étranger un quart en nue propriété, attribuant seulement ensuite à son conjoint la moitié en usufruit.

Cette théorie ne nous paraît pas admissible, car il serait trop facile de l'éluder. En effet, continuons à supposer un époux père de trois enfants qui pendant le mariage a donné à sa femme une moitié en usufruit. Il ne peut pas, dit-on, donner plus tard à un tiers un quart en nue propriété. Mais ne peut-il pas révoquer la donation essentiellement révocable qu'il a faite, et alors ne redevient-il pas libre de gratifier son parent ou son ami d'un quart en nue propriété, sauf, par une nouvelle libéralité identique à celle qu'il a révoquée, à rendre à son conjoint ce qu'il lui a enlevé ? De cette manière, par un détour il sera parvenu au but auquel il tendait.

Nous pouvons ajouter que si un époux voulait par contrat de mariage faire don à son conjoint de la moité en usufruit, il lui serait aisé de ne pas perdre ainsi pour l'avenir le droit de disposer d'un quart en nue propriété: car d'après l'art. 1086 il peut subordonner la libéralité qu'il fait à son conjoint à une condition complétement potestative de sa part, et *a fortiori* à la condition que pour la réduction elle passera après celle qu'il pourrait dans la suite faire à d'autres personnes, de telle sorte qu'alors encore il aura tourné l'obstacle que la jurisprudence lui oppose.

Considérons aussi que la loi, dans le chapitre que nous étudions, a voulu favoriser les époux en leur permettant de se donner plus que le disponible ordinaire, et que si le système de nos adversaires était vrai, elle aurait atteint un résultat inverse de celui qu'elle désirait. On conçoit que si en donnant à sa femme une moitié en usufruit, un père de trois enfants s'interdit par là même, en faveur d'étrangers, toute libéralité future, il hésitera la plupart du temps à faire une pareille donation, et se montrera parcimonieux pour conserver sa liberté de disposer.

§ 4. — De la réduction.

1° *A quels avantages entre époux s'appliquent les art.* 1094 *et* 1098.

Libéralités directes. — Les articles 1094 et

1098 doivent recevoir application toutes les fois qu'il s'agit de libéralités directes, soit que ces libéralités aient lieu par contrat de mariage, soit qu'elles se fassent pendant le mariage par acte entre vifs ou par testament, soit même que contenues dans un acte distinct du contrat de mariage elles remontent à une époque à laquelle le mariage n'était pas encore accompli. Seulement, pour que dans ce dernier cas les héritiers réservataires puissent invoquer les art. 1094 et 1098, il faut qu'ils aient préalablement prouvé que la donation a eu pour cause l'union projetée du donateur et du donataire, et par conséquent a été avancée de quelques jours uniquement dans le but d'éviter les restrictions de la loi quant à la quotité disponible entre époux. Notre Code n'établit pas dans cette hypothèse une présomption de fraude comme le faisait l'ancien droit.

Libéralités indirectes, donations déguisées et par personnes interposées. — « Le époux, dit « l'art. 1099, ne pourront se donner indirec- « tement au delà de ce qui leur est permis par « les dispositions ci-dessus. Toute donation « déguisée ou faite à des personnes interposées « sera nulle. »

Le sens de cet article est l'objet d'une vive controverse que nous devons examiner. Deux interprétations en sont présentées. D'après l'une il existerait une différence importante entre les donations indirectes et les donations déguisées ou par personnes interposées. Les premières seraient valables dans la limite de la quotité disponible et simplement réductibles. Les secondes seraient nulles pour le tout, quand bien même elles ne dépasseraient pas ce dont le donateur pouvait disposer. D'après l'autre interprétation, le deuxième alinéa de l'article 1099 devrait être considéré comme le développement de la règle sur les avantages indirects et signifierait uniquement que les donations déguisées ou par personnes interposées sont nulles *pour tout ce qui excède la quotité disponible*. Nous préférons le premier système, comme seul conciliable avec le texte de la loi.

Nous reconnaissons qu'il est bien difficile de ne pas regarder les donations déguisées ou par personnes interposées comme des avantages indirects. C'est donner indirectement que de simuler un acte onéreux ou cacher le nom du véritable donataire dans le but d'arriver ainsi à faire une donation irrévocable et irréductible. Toute libéralité dissimulée est indirecte. Les avantages indirects forment un genre dont les donations déguisées ou par personnes interposées sont des espèces. Par exemple, le mari qui cautionne sa femme, qui désintéresse un de ses créanciers, qui pour la libérer détruit un titre qu'il a contre elle, lui fait dans chacun de ces cas une libéralité ostensible, nullement dissimulée, mais indirecte en ce qu'elle n'a pas les formes prescrites par l'art. 931, en ce qu'elle ne se présente pas comme *un acte portant donation*. Au contraire, l'époux qui pour avantager son conjoint feint d'être son débiteur et d'acquitter sa dette en lui payant une somme peut-être considérable, déguise sa libéralité, et malgré cela il est impossible de dire que cette libéralité n'est pas une libéralité indirecte. Si donc l'article 1099 se composait uniquement de la première phrase : « les époux ne pourront se donner au delà de ce qui leur est permis par les dispositions ci-dessus, » il faudrait nécessairement décider que les donations déguisées ou par personnes interposées sont valables jusqu'à concurrence du disponible et réductibles pour l'excédant.

Mais cet article 1099 ajoute : « les donations « déguisées ou par personnes interposées sont « nulles; » n'est-il pas évident que ces derniers mots contiennent une exception à la règle posée pour les avantages indirects? Autrement il faut avouer qu'ils seraient complétement inutiles et répéteraient dans des termes équivoques une chose déjà exprimée avec plus de clarté et de précision. En effet, dans la doctrine que nous combattons le législateur déclarerait d'abord que tous les avantages indirects sont réductibles, puis que tels et tels de ces avantages le sont. A quoi bon cette bizarre répétition ? Ne vaut-il pas mieux penser qu'après avoir posé le principe général pour le *genre* des avantages indirects, il a apporté une restriction à ce principe pour deux *espèces* particulières ? Nous interprétons donc l'article 1099 en ce sens que toutes les donations indirectes entre époux sont susceptibles de réduction conformément aux articles 1094 et 1098, à l'exception toutefois des donations déguisées ou par personnes interposées, qui sont nulles pour le tout.

Cette distinction que le Code nous paraît faire entre les diverses donations indirectes se justifie rationnellement; car s'il s'agit de donations déguisées ou par personnes interposées, comme les parties ont voulu frauder la loi, il est juste qu'elles soient traitées rigoureusement, et qu'on frappe d'une nullité complète leurs frauduleuses libéralités. Au contraire, s'il s'agit d'une donation ostensible quoiqu'indirecte, il n'y a pas lieu d'user de la même sévérité. La réduction à la quotité disponible est une mesure suffisante, qu'il ne faut pas aggraver par une pénalité plus étendue ; car aucune tentative n'a été faite en ce cas, comme dans l'autre, pour éluder les dispositions restrictives sur le disponible entre époux.

Lorsque nous parlons de la nullité des donations déguisées ou par personnes interposées qui ont lieu entre époux, il est clair que nous n'entendons pas dire qu'elles sont nulles de plein droit. Elles sont simplement annulables, et les héritiers du donateur ne peuvent les attaquer après les dix ans qui suivent la dissolution du mariage.

C'est, en général, aux héritiers du disposant à prouver, soit le déguisement des libéralités, soit l'interposition des personnes. La loi ne présume qu'exceptionnellement ce déguisement ou cette interposition.

1° Présomption de déguisement des libéralités.

Le contrat de vente est prohibé entre époux comme se prêtant facilement à cacher des libéralités. Il en est de même de la *datio in solutum*, que l'art. 1595 permet uniquement dans les cas suivants : 1° quand l'un des époux cède des biens à l'autre, séparé judiciairement d'avec lui, en payement de ses droits ; 2° quand la cession que le mari fait à sa femme non séparée, a une cause légitime, telle que le remploi de ses immeubles aliénés ou l'emploi des deniers à elle appartenant, si ces immeubles ou deniers ne tombent pas dans la communauté ; 3° si la femme cède des biens à son mari en payement d'une somme qu'elle lui a promise, et lorsqu'il y a exclusion de communauté. Toutefois, dans ces trois cas, si les héritiers prouvent que la valeur de l'objet donné à titre de *datio in solutum* dépasse de beaucoup le montant de la dette, et qu'ainsi la *datio in solutum* dissimule une donation, nous pensons qu'il y a alors nullité intégrale de cette donation. C'est de cette manière que nous semble devoir être interprétée la réserve faite par l'art. 1595 des droits des héritiers, en cas d'avantage indirect. Cet article, en effet, par une première disposition, prohibe entre époux la vente et la *datio in solutum*, qu'il présume être de véritables donations déguisées. Puis, par une seconde disposition il les permet dans des espèces favorables. Mais s'il abandonne pour chacune de ces espèces la présomption de déguisement, c'est pour les laisser sous l'application du droit commun qui, nous l'avons vu, frappe de nullité les donations déguisées, pour le tout et non pas seulement jusqu'à concurrence du disponible.

2° *Présomption d'interposition de personnes.*

« Seront réputées faites à personnes interposées, » dit l'art. 1100, « les donations de « l'un des époux aux enfants ou à l'un des enfants de l'autre époux issus d'un autre ma-

« riage, et celles faites par le donateur aux « parents dont le donataire sera héritier pré« somptif au jour de la donation, encore que ce « dernier n'ait point survécu à son parent do« nateur. » L'intime communauté d'intérêts qu'on doit supposer exister entre les enfants du premier lit et leur auteur, légitime la première présomption d'interposition ; la seconde est motivée par le lien étroit qui unit des personnes dont l'une est appelée à succéder à l'autre. Ces présomptions n'admettent aucune preuve contraire, si ce n'est l'aveu ou le serment. Les héritiers du donateur devraient succomber s'ils avouaient que la donation s'adressait réellement à la personne présumée interposée, ou s'ils refusaient de jurer qu'ils croient à l'exactitude, en fait, de la présomption légale.

Avantages résultant des conventions matrimoniales. — Les conventions matrimoniales sont assimilées à des libéralités lorsqu'il y a des enfants d'un premier mariage, tandis qu'elles sont traitées comme actes à titre onéreux et conventions entre associés dans le cas où il n'y en a pas. C'est que dans la première hypothèse on a à sauvegarder de graves intérêts qui ne sont nullement menacés quand il n'y a que des enfants communs au donateur et au donataire. Les enfants communs, en effet, doivent retrouver dans la succession de l'époux avantagé ce que, par suite des conventions matrimoniales, ils ne trouvent pas dans la succession de l'autre époux. Un faible préjudice est donc à craindre pour eux, quand même ces conventions entraîneraient, au profit de l'un de leurs auteurs, des avantages excessifs? Au contraire, les enfants que le disposant a eus d'un premier lit sont dépouillés à jamais par les dons que leur père ou leur mère fait à son nouveau conjoint sous la forme de conventions matrimoniales. Il était nécessaire de les protéger contre des abus dont la pratique attestait la fréquence.

Les art. 1496 et 1527 font application de ces principes à la communauté légale et à la communauté conventionnelle. « Si la confusion du « mobilier et des dettes, » dit l'art. 1496, « opé« rait au profit de l'un des époux un avantage « supérieur à celui qui est autorisé par l'ar« ticle 1098, au titre des Donations entre vifs et « des Testaments, les enfants du premier lit de « l'autre époux auraient l'action en retranche« ment. » L'art. 1527 s'exprime à peu près dans les mêmes termes : « Dans les cas où il y aurait « des enfants d'un précédent mariage, toute « convention qui tendrait, dans ses effets, à « donner à l'un des époux au delà de la portion « réglée par l'art. 1091, au titre des Donations « entre vifs et des Testaments, serait sans effet « pour tout l'excédant de cette portion; mais

« les simples bénéfices résultant des travaux « communs et des économies faites sur les re- « venus respectifs, quoique inégaux, des deux « époux, ne sont pas considérés comme un avan- « tage fait au préjudice des enfants du premier « lit. »

2° Des personnes à qui appartient l'action en réduction des donations entre époux.

Pour être en mesure de critiquer, au point de vue de la quotité disponible, les donations qu'un époux a pu faire à son conjoint, faut-il être héritier de l'époux donateur, ou plus généralement, pour être réservataire est-il nécessaire d'être héritier? C'est une question que nous avons déjà rencontrée dans l'ancien droit où elle était controversée comme elle l'est encore aujourd'hui. Nous allons l'examiner avec les développements qu'elle mérite.

La qualité d'héritier n'était pas exigée à Rome pour avoir droit à la légitime, et l'on comprend qu'il devait en être ainsi. D'après les principes romains, le père de famille ayant le droit d'enlever aux héritiers ab intestat leur titre d'héritiers, aurait pu, si on avait attaché à ce titre celui de légitimaires, les frustrer de tout son patrimoine en les repoussant de son hérédité. Le but de la loi se serait donc trouvé manqué et elle n'aurait pas mis les parents qu'elle voulait protéger à l'abri des passions et des colères dont elle craignait qu'ils fussent les victimes.

Au contraire, les coutumes décidaient, en principe, que pour avoir, dans une succession, une portion réservée, il fallait venir à cette succession. *Apud nos*, disait Dumoulin, *non habet legitiman nisi qui heres est*. Cependant, dans la pratique on avait admis de nombreuses distinctions. Pothier et Ricard, dans presque chaque espèce particulière, se prononçaient dans un sens contraire à la règle générale posée par Dumoulin. De même, comme nous l'apprend Ferrière : « Quand un père ou une mère, après « avoir fait des donations considérables au « profit de leurs enfants ou d'un étranger con- « tractaient des dettes qui dépassaient la valeur « de ce qui leur restait de biens, les enfants « qui faisaient révoquer les donations jusqu'à « concurrence de leur légitime ne devaient pas « la recevoir en qualité d'héritiers, mais on « leur permettait de la prendre sur les objets « donnés, quoiqu'ils renonçassent à l'héré- « dité. » Guy-Coquille (sur la coutume de Nivernais) arrivait à la même conclusion, en disant *qu'ils avaient droit de se porter héritiers pour leur légitime*. D'autre part, on décidait universellement que si un enfant avait reçu une libéralité excédant le disponible du donateur, il pouvait retenir sur cette libéralité, tout en répudiant la succession, non-seulement le disponible mais encore la réserve. Ainsi, à chaque instant, la législation coutumière brisait le principe qu'elle avait posé. Parmi ces théories et ces opinions diverses, quelles sont celles que les rédacteurs du Code Napoléon ont entendu maintenir?

En premier lieu, remarquons que les dispositions du droit romain n'avaient plus en France de raison d'être du moment qu'on admettait qu'il n'y aurait plus d'héritiers qu'en vertu de la loi, et que l'homme impuissant pour conférer cette qualité à ceux à qui la loi ne l'aurait pas donnée, ne le serait pas moins pour l'ôter à ceux à qui elle l'aurait accordée. Constatons en second lieu qu'il est impossible de considérer comme maintenu le système mitoyen des coutumes avec toutes ses contradictions, quand des textes formels nous font complètement défaut. Reste donc le seul système de Dumoulin, d'après lequel la qualité de réservataire n'appartenait qu'aux héritiers. C'est déjà une première considération qui n'est pas sans importance. Diverses dispositions de la loi viennent la corroborer.

Les art. 913 et 915, considérés dans leur ensemble, nous semblent bien indiquer le point de vue auquel s'est placé le législateur. Ils ne procèdent pas, en effet, à l'établissement de la réserve par l'attribution directe à tels parents du droit de réclamer telle partie des biens, mais uniquement par la limitation du droit qu'a le propriétaire de disposer de sa fortune, ce qui laisse les biens déclarés indisponibles sous le principe de la transmission par succession légitime. En outre, le second de ces articles, dans son deuxième paragraphe, déclare que la réserve établie en faveur des ascendants doit être recueillie par eux *dans l'ordre où ils sont appelés à succéder*, et l'orateur du Tribunat, en précisant le sens de ces derniers mots, disait : « Il « faut bien remarquer que le projet ne parle « que des ascendants qui auraient succédé dans « l'ordre légitime. Si donc il s'agissait de l'aïeul « et qu'il y eût des frères et sœurs ou descen- « dants d'eux, l'aïeul ne succédant pas dans « l'ordre légitime, il n'y aurait pas non plus « de réserve pour lui, et alors tout serait dis- « ponible. » Ainsi donc, il est incontestable que les ascendants ne peuvent être réservataires sans être héritiers. Comment admettre que ce qui est vrai pour eux est faux pour les enfants et descendants, et que sous des termes presque identiques sont cachés des principes tout différents ?

A cette doctrine, nous savons qu'on oppose

l'art. 921 et qu'on croit l'ébranler par l'objection suivante : Si la réserve, dit-on, est une partie de la succession, si les biens que l'action en réduction enlève aux donataires et légataires sont biens héréditaires, comment se fait-il que les créanciers du défunt ne puissent pas se faire payer sur ces biens? A cela nous répondons : Il est vrai qu'à l'égard des réservataires la réserve est une portion de la succession ; il est vrai qu'à leur égard les biens enlevés par l'action en réduction aux donataires et légataires sont biens héréditaires; mais cela n'est vrai qu'à l'égard d'eux seuls, absolument comme dans le cas de rapport, où les biens rapportés entrent dans la succession et ne servent pourtant pas à acquitter ses dettes. Malgré donc l'argument de nos adversaires, nous persistons à penser que l'on ne peut être légitimaire sans être héritier.

Mais si les enfants renonçants ou écartés comme indignes ne peuvent prétendre à la réserve, comptent-ils au moins pour la fixation de cette réserve? Nous ne le croyons pas. L'art. 785 dit, en effet, qu'ils sont censés n'avoir jamais été héritiers, c'est-à-dire n'avoir jamais existé juridiquement, quant aux droits successifs? D'ailleurs, pouvons-nous ajouter, la volonté manifeste de la loi n'est-elle pas de proportionner la masse réservée de la succession au nombre de ceux qui doivent se la partager, et ne serait-ce pas aller à l'encontre de cette volonté que de calculer cette masse pour trois quand elle doit être prise par deux, ou pour deux quand elle doit être prise par un seul? Il est impossible, selon nous, d'appliquer dans notre espèce l'art. 786, d'après lequel la part du renonçant accroît à ses cohéritiers. Le second alinéa de cet article en fournit une preuve indubitable. Si le renonçant est seul, sa part est dévolue au degré subséquent. Eh bien, ira-t-on jusqu'à soutenir que dans le cas où le donateur a un seul enfant et des ascendants, la réserve doit être calculée pour les ascendants, si l'enfant répudie l'hérédité, absolument comme s'il se portait héritier?

Ces principes posés, demandons-nous quels héritiers ont droit d'invoquer les art. 1094 et 1098.

Supposons d'abord le cas où l'époux donateur est mort sans postérité, laissant pour héritiers ses père et mère ou l'un d'eux en concours avec des frères et sœurs. Le disponible entre époux comprend alors, nous le savons, la pleine propriété de tout ce dont cet époux donateur aurait pu disposer au profit d'un étranger et en outre l'usufruit de la réserve; c'est-à-dire la moitié ou les trois quarts de la succession en pleine propriété et l'usufruit du reste. Les frères et sœurs ne peuvent profiter en rien de la réduction ; si donc, par exemple, la mère du donateur est prédécédée et si la donation a pour objet le disponible, le père survivant doit prendre seul le quart en nue propriété qui se trouve dans la succession, sans que les frères et sœurs puissent en réclamer une part quelconque. « Les ascendants ont seuls droit à la réserve dans tous les cas où un partage en concurrence avec les collatéraux ne leur donnerait pas la quotité de biens à laquelle elle est fixée » (915, *in fine*).

Lorsque les ascendants sont autres que les pères et mères, ils sont alors primés par les frères et sœurs du disposant, et, comme ceux-ci n'ont jamais de réserve, l'époux donataire ou légataire universel les prime à son tour. C'est là, il faut l'avouer, un résultat bizarre. Les frères et sœurs qui ne sont pas réservataires empêchent par leur présence les ascendants de recueillir la réserve que la loi leur accorde quand ils sont héritiers. Mais doit-on les admettre à répudier la succession, et à donner de cette manière ouverture au droit des ascendants ? C'est une question sur laquelle la doctrine n'est pas encore tombée d'accord. Nous exposerons les deux systèmes qui ont été présentés.

Dans un premier système, on admet que les frères et sœurs peuvent, s'ils le veulent, renoncer à la succession. Nul n'est héritier qui ne veut. C'est un principe général qu'on doit appliquer dans notre espèce, puisque nul article n'y a dérogé. Ils ont donc le droit de rejeter la qualité d'héritiers, et alors, par suite de leur renonciation, ils sont réputés ne l'avoir jamais eue. Les ascendants auxquels ils faisaient obstacle se retrouvent dans l'ordre où la loi les appelle à succéder, et rien ne les empêche de poursuivre la réduction des donations qui entament leur réserve.

De nombreux auteurs repoussent ce système pour en adopter un diamétralement contraire. Selon eux, en effet, « lorsque le conflit est « engagé entre un aïeul, un frère et un léga- « taire universel, aucun droit n'est ouvert au « profit du frère, la succession ab intestat ne « lui est pas dévolue, car la loi ne règle pas la « succession de ceux qui ont pris soin de la « régler eux-mêmes. Or, s'il n'a aucun droit, « si la succession n'est pas ouverte à son profit, « à quoi renoncerait-il ? La renonciation n'est « pas valable parce qu'elle n'est pas sérieuse ; « c'est un pur fait destitué de tout effet civil « que la loi ne reconnaît pas.... Le frère n'a « pu renoncer qu'au droit qu'il avait. Or, il « n'avait pas la succession, puisque la loi elle- « même, exécutant la volonté du testateur, en « avait investi le légataire (art. 1006). Il était

« héritier sous condition de faire reconnaître « judiciairement la nullité du testament ou « l'ingratitude du légataire. L'ascendant ne « succède donc qu'à ce droit éventuel, donc « il n'est pas réservataire, tant qu'il n'a pas « fait reconnaître en justice la nullité du tes- « tament ou l'ingratitude du légataire. »

Ce qui nous détermine principalement à adhérer à ce second système, c'est que le premier aurait, la plupart du temps, des conséquences aussi étranges qu'immorales. Le frère mettrait, pour ainsi dire, aux enchères son acceptation et sa renonciation. Il renoncerait si l'ascendant lui offrait plus que le légataire universel; il accepterait dans le cas inverse. De cette manière, il obtiendrait indirectement une réserve contre le vœu de la loi, et cette réserve dépasserait même souvent celle qu'auraient eue les ascendants s'ils eussent été héritiers. Toute l'économie du Code se trouverait dérangée par un pareil résultat.

Jusqu'ici nous nous sommes placés dans l'hypothèse où l'époux donateur est mort sans postérité. Supposons maintenant qu'il laisse des enfants, mais non pas d'un précédent mariage; en un mot, restons encore sous l'application de l'art. 1094.

Le disponible entre époux est dans ce cas, soit d'un quart en propriété, plus un quart en usufruit, ou d'une moitié en usufruit seulement, soit d'une moitié en pleine propriété, suivant qu'il y a plusieurs enfants ou qu'il n'y en a qu'un seul. Nous avons déjà dit que les seuls enfants réservataires étaient les enfants héritiers. Si tous renonçaient à la succession de l'époux donateur, aucun ne pourrait attaquer sa libéralité comme excessive. Si quelques-uns seulement répudiaient l'hérédité, ceux qui auraient accepté compteraient exclusivement pour la fixation de la réserve et ne partageraient pas, avec leurs frères et sœurs renonçants, les biens obtenus par la réduction. Les enfants légitimés sont sur la même ligne que les enfants légitimes. Nous en disons autant des enfants adoptifs ; mais que faut-il décider pour les enfants naturels ? Par exemple, une personne ayant deux enfants naturels vient à se marier et fait à son conjoint une donation de tous ses biens ; ces enfants peuvent-ils agir en réduction, et, s'ils le peuvent, dans quelle proportion leur action doit-elle être admise ?

Nous croyons que les enfants naturels légalement reconnus ont droit à une portion réservée sur le patrimoine de leurs auteurs décédés.

En effet, ils ont sur ce patrimoine des droits moins étendus, il est vrai, mais de la même nature que ceux qu'ils auraient s'ils étaientlégitimes. Or, s'ilsl'étaient, malgré toutes les dispositions entre vifs ou testamentaires qui auraient pu être faites, ils seraient sûrs de pouvoir se faire rendre une portion de la fortune de leurs auteurs, qui, de par la loi, était indisponible à titre gratuit. Donc, bien que privés du bénéfice de la légitimité, ils doivent avoir une fraction de cette portion indisponible. Mais comment se calcule leur réserve?

Trois cas sont à distinguer :

Le défunt peut ne laisser aucun héritier;

Il peut ne laisser que des héritiers non réservataires, c'est-à-dire des collatéraux;

Enfin, il peut laisser des héritiers réservataires, ascendants ou descendants.

Dans le premier cas, aucune difficulté ne se présente. Puisqu'il n'y a pas de parents au degré successible, les enfants naturels doivent être assimilés aux enfants légitimes. Comme eux, ils ont droit à la totalité des biens; comme eux, ils peuvent réclamer la réserve des article 1094 et 913.

Dans le deuxième cas, le calcul est simple encore. Selon que les enfants naturels sont en concours avec des collatéraux ordinaires, ou avec des collatéraux privilégiés, la loi leur concède les $\frac{3}{4}$ ou $\frac{1}{2}$ de ce qu'ils auraient s'ils étaient légitimes.

Dans le troisième cas, le règlement de la réserve des enfants naturels reste facile, s'il y a plus d'un enfant légitime; car alors nous savons que la masse réservée est invariablement fixée, vis-à-vis d'un époux donataire, à la moitié des biens du défunt, en pleine propriété, plus un quart ou même une moitié en nue propriété; cette masse n'augmente pas avec le nombre des enfants légitimes; par conséquent elle ne peut s'accroître par la présence d'un ou de plusieurs enfants naturels. On n'a donc qu'à attribuer à ces derniers un tiers de la part qu'ils auraient prise s'ils avaient été légitimes, et à partager le reste par portions égales entre les autres réservataires.

Enfin, si les enfants naturels concourent soit avec un enfant légitime, soit avec des ascendants, on détermine d'abord la réserve des premiers par la combinaison des articles 913 et 757; puis on en prélève le montant sur l'actif de la succession, et on calcule la réserve des seconds sur le reste d'après le mode habituel. Cette manière d'opérer se justifie par cette considération que l'existence d'un enfant naturel doit diminuer proportionnellement la réserve et la quotité disponible.

Nous avons à examiner en dernier lieu pour quelles personnes est établie la réserve spéciale de l'art. 1098 dans le cas d'un second mariage. L'époux donateur a, par exemple, des enfants d'un premier et d'un second mariage, et la donation qu'il a faite à son conjoint dépasse le quart de ses biens ou la part de l'enfant le moins prenant; quels sont les enfants auxquels compète le droit de provoquer la réduction de cette donation? Nous devons répéter ici ce que nous avons observé dans le cas de l'art. 1094. La qualité d'héritier est indispensable pour profiter du bénéfice de l'article 1098.

Maintenant les enfants du deuxième lit peuvent-ils agir en réduction, si ceux du premier s'abstiennent de le faire? Nous le pensons. En effet, d'après l'art. 745, lorsqu'une personne vient à mourir laissant des descendants, sa succession doit être déférée sans distinguer entre ceux qui sont issus de tel ou tel mariage; il en résulte, relativement à notre espèce, que si les enfants du premier lit n'étaient pas restés inactifs, les enfants du deuxième auraient été comme eux appelés à profiter de la rentrée des biens donnés dans la succession, et au même titre qu'eux ils auraient pris une même part sur ces biens. Ne serait-il pas inique qu'il dépendît de la volonté de leurs frères d'un autre lit de diminuer leur réserve, et n'aurait-on pas à craindre qu'ils fussent les victimes d'une collusion coupable?

Une réflexion générale nous reste à faire. Les héritiers et ayants cause des réservataires ont l'action en réduction comme les réservataires eux-mêmes. Quant aux créanciers héréditaires, si l'hérédité est acceptée purement et simplement, ils deviennent, par suite de cette acceptation pure et simple, créanciers personnels des héritiers; et comme tels, en vertu de l'article 1166, ils acquièrent l'exercice de toutes les actions que ceux-ci peuvent avoir; par conséquent, ils sont en mesure d'attaquer les dispositions à titre gratuit reconnues excessives. Mais si l'hérédité n'est acceptée que sous bénéfice d'inventaire, il n'y a plus de motif pour leur accorder le droit d'agir en réduction; et même, une fois les biens rentrés dans la succession, on ne leur permet pas de réaliser sur eux l'acquittement de leur créance, puisque, comme nous l'avons dit, la rentrée des biens ne s'accomplit qu'à l'égard des réservataires.

§ 3. — Dans quel ordre doit avoir lieu la réduction des diverses donations de l'époux donateur.

Les différentes libéralités que le défunt a pu faire ne doivent pas être réduites toutes ensemble et proportionnellement à l'importance de chacune. On le conçoit, en effet, tant que le père de famille n'a pas entamé la réserve de ses héritiers, ses libéralités sont valables; elle ne sont réductibles que lorsque le disponible est épuisé. Leur réduction doit donc se faire par ordre de dates, en commençant par les plus récentes pour remonter aux plus anciennes.

Les donations testamentaires, à quelque époque qu'elles aient été écrites, n'ont été que des projets jusqu'à la mort du donateur, et ce n'est qu'à l'instant de cette mort qu'elles sont devenues des actes de disposition. Parfaites en même temps, elles doivent être réduites en même temps. Quant aux donations entre vifs, leur perfection date du jour du contrat; elles sont par conséquent toujours antérieures aux legs, et ne peuvent jamais être atteintes avant l'épuisement de ceux-ci. De plus, aucune ne peut être frappée par la réduction, tant que celles qui l'ont suivie n'ont pas été toutes et totalement annulées (923-926).

Cet ordre dans la réduction doit être suivi, soit qu'il s'agisse de donations faites par un époux à son conjoint, ou de donations faites par ce même époux à des étrangers. Nous avons démontré que les donations entre époux, pendant le mariage, quoique essentiellement révocables, sont de véritables donations entre vifs. On doit donc les assimiler, quant à la réduction, aux donations entre vifs, c'est-à-dire les réduire par ordre de date. C'est à tort, selon nous, que certains auteurs ont voulu les traiter comme des legs. Elles ont avec les dispositions testamentaires des traits communs, mais leur nature est différente; et toutes les fois que le législateur n'a pas déterminé les règles particulières qu'on doit leur appliquer, il faut suppléer à ce silence par les principes généraux du Code qui régissent les donations entre vifs, et non pas par ceux qui régissent les testaments.

Lorsque les donations réductibles ont la même date, comment doit avoir lieu la réduction? Il n'y a pas de difficulté si ces donations sont toutes des donations entre époux ou toutes des donations faites à des étrangers.

En effet, on les réduit alors dans les mêmes proportions, soit d'après le disponible des art. 1094 ou 1098, soit d'après le disponible des art. 913 ou 915. Mais dans le cas où parmi les donations réductibles il se trouve et des donations entre époux et des donations faites par un époux à des étrangers, l'accord cesse entre les auteurs et plusieurs systèmes sont présentés. Celui de Toullier, récemment adopté par M. Troplong dans son *Traité des Donations*, nous paraît le plus simple et le plus équitable. Il consiste à réduire proportionnellement et d'après le disponible le plus fort, les donations ayant même date. Si on opérait autrement, on contredirait l'intention probable du testateur, puisqu'on changerait la proportion qu'il a voulu établir entre ses diverses libéralités. Nous avouons toutefois qu'il est bizarre de réduire, d'après le disponible entre époux, des donations qu'un époux a consenties au profit d'autres personnes que son conjoint.

CONCLUSION.

Nous terminons ici le travail que nous avons entrepris sur les donations entre époux, tant dans le droit romain, que dans le droit français, et nous ne voulons plus qu'apprécier en quelques mots les régimes successsifs auxquels ces donations ont été soumises.

Dans le cours de cette étude, nous avons rencontré les systèmes les plus opposés, relativement aux donations entre époux. La législation romaine à elle seule nous les a montrées, d'abord, permises sans restriction, puis prohibées d'une manière générale, enfin, à partir d'Antonin Caracalla, toujours prohibées, mais susceptibles de confirmation par la mort de l'époux donateur. Les coutumes, de leur côté, nous ont présenté sur cette espèce de libéralités les règles les plus contradictoires. Dans les pays coutumiers les principes variaient souvent de province à province, tandis que dans les pays de droit écrit le droit romain, resté en vigueur, était diversement interprété par les parlements. Le droit intermédiaire inaugura en France un régime nouveau. Les donations entre époux furent permises presque sans limites, et même elles furent irrévocables comme de simples donations entre vifs. Le Code de 1804 s'écarta de ce système, pour se rapprocher du dernier système du droit romain. Il continua d'autoriser les donations entre époux, leur conserva le caractère de libéralités entre vifs, mais fit de leur irrévocabilité une de leurs conditions essentielles.

Il est assez difficile de dire lequel de tous ces régimes est le meilleur. La prohibition des donations entre époux est nécessaire dans les sociétés déjà corrompues, où, si elle n'existait pas, l'union conjugale deviendrait fréquemment une spéculation. Elle est, au contraire, inutile chez les peuples où le mariage a conservé sa dignité, et où les mœurs publiques et privées sont restées pures et austères. Les deux systèmes absolus de la prohibition des donations entre époux, et de l'assimilation de ces donations aux donations ordinaires, peuvent donc, l'un et l'autre, se trouver en rapport avec tel état social particulier. Nous croyons toutefois que le système mixte du Code Napoléon est généralement préférable. D'une part, il laisse aux époux la faculté de se faire les libéralités qu'explique et que légitime leur affection réciproque. D'autre part, il protége suffisamment chaque époux contre ses propres entraînements et contre les cupidités de son conjoint. C'est par ces motifs que la plupart du temps, mieux que les autres systèmes, il sauvegardera tous les droits et tous les intérêts.

POSITIONS.

DROIT ROMAIN.

I. La prohibition des donations entre époux est postérieure à la loi Cincia, an 203 avant Jésus-Christ.

II. La donation à cause de mort, que les Romains considéraient comme donation pure et simple conditionnellement résoluble, était permise entre époux. Elle ne transférait la propriété au donataire qu'au décès du donateur, mais alors son effet rétroagissait au jour où elle avait été consentie. Toutefois, la rétroactivité n'avait pas lieu, dans les cas où elle aurait été contraire aux intérêts du donataire.

III. La remise par *acceptilation* faite par l'époux créancier à l'époux débiteur ne valait ni pour celui-ci ni pour les *correi promittendi*. Celle au contraire qui était faite aux *correi* produisait à leur égard les effets d'un pacte *de non petendo*. Quant à l'époux débiteur, il demeurait obligé, à moins qu'il n'y eût société entre les divers codébiteurs.

IV. Il y a antinomie entre la loi 3, § 12, *de donat. int. vir. et uxor.*, et la loi 38, § 1, *in fine, de solut.* Ulpien et Celsus dans la première, Africain dans la seconde, se sont placés à des points de vue tout différents.

V. Ulpien et Papinien n'étaient pas d'accord sur la question de savoir si les donations faites par promesses, comme les donations faites par tradition, devaient être confirmées par la mort du donateur, en vertu du sénatus-consulte de Caracalla. Ulpien, en consultant l'esprit de ce sénatus-consulte, décidait l'affirmative. Papinien, au contraire, en s'attachant à sa lettre, arrivait à la conclusion opposée.

VI. Le mariage ne se formait pas à Rome par le simple consentement; la tradition de la femme au mari était nécessaire.

VII. Il y avait *capitis minutio* pour les enfants en puissance dont le père se donnait en adrogation.

DROIT FRANÇAIS.

I. Les donations entre futurs époux par contrat de mariage sont révocables pour ingratitude.

II. Elles sont de plein droit révoquées par la

séparation de corps prononcée contre l'époux donataire.

III. Les donations de biens à venir entre futurs époux par contrat de mariage ne sont point transmissibles, même par clause expresse, aux enfants à naître du mariage.

IV. Les donations entre époux pendant le mariage, quoique essentiellement révocables, sont des donations entre vifs qui saisissent immédiatement le donataire.

V. Néanmoins, elles sont caduques par le prédécès de ce donataire.

VI. Les donations déguisées ou par personnes interposées que se font les époux pendant le mariage, sont frappées d'une nullité complète par l'art. 1099.

VII. La quotité disponible entre époux, dans le cas où il n'y a pas d'enfants d'un précédent mariage, n'est jamais inférieure à la quotité disponible ordinaire.

VIII. En cas de plusieurs convols successifs, l'époux remarié ne peut donner en tout à ses nouveaux conjoints, plus d'une part d'enfant le moins prenant.

IX. Dans le cas de l'art. 1098, si une donation excessive a été faite, et si les enfants du premier lit s'abstiennent de provoquer la réduction, ceux du second peuvent agir.

X. Les libéralités qu'un époux a faites tant à ses conjoints qu'à des étrangers sont à l'abri de la réduction si, d'une part, ni les unes ni les autres n'excèdent leurs disponibles respectifs, et si d'autre part toutes réunies ne dépassent pas le disponible le plus fort.

XI. Il faut se porter héritier pour avoir droit à la réserve.

XII. Les héritiers renonçants ne comptent pas pour le calcul de la réserve.

XIII. La possession d'état peut être admise comme preuve de la filiation naturelle.

DROIT CRIMINEL.

I. L'action civile en dommages-intérêts se prescrit par le même laps de temps que l'action publique en application de la peine.

II. Lorsque la pénalité dont est frappé un crime ou délit a varié dans l'intervalle entre ce crime ou délit et la condamnation, on doit appliquer la peine la plus douce.

HISTOIRE DU DROIT ROMAIN ET DU DROIT FRANÇAIS.

I. La *lex regia* dont parlent les Instituts de Gaïus et de Justinien n'est pas une loi unique rendue lors de l'avénement d'Auguste à l'empire, pour régler les pouvoirs des empereurs; c'est la loi faite par le peuple ou le sénat pour constituer dans ses pouvoirs chaque nouvel empereur.

II. Le douaire légal s'est formé d'une combinaison du *morgengabe* avec le prix d'achat du *mundium*.

DROIT INTERNATIONAL.

I. Les étrangers non autorisés à résider en France jouissent, en principe, des mêmes droits civils que les Français. Par exception, certains droits civils sont exclusivement accordés aux Français. Ces droits exceptionnels n'appartiennent aux étrangers que si la concession leur en a été faite par un traité intervenu entre leur gouvernement et le gouvernement français;

conformément au principe de réciprocité de l'art. 11.

II. Les jugements rendus par des tribunaux étrangers, soit entre étrangers, soit au profit d'un Français contre des étrangers, ont en France force de chose jugée ; il ne leur manque que la force exécutoire. Les jugements, au contraire, rendus par des tribunaux étrangers au profit d'étrangers contre des Français, n'ont en France ni force de chose jugée, ni force exécutoire.

Vu par le Président de la thèse, Doyen de la Faculté,

C.-A. PELLAT.

Permis d'imprimer :

Le Vice-Recteur,

CAYX.

TABLE DES MATIÈRES.

PREMIÈRE PARTIE.

DROIT ROMAIN.

PREMIÈRE PÉRIODE.

DEUXIÈME PÉRIODE.

CHAPITRE Ier.

CHAPITRE II.

SECTION Ire.

SECTION II.

SECTION III.

CHAPITRE III.

TROISIÈME PÉRIODE.

CHAPITRE UNIQUE.

SECTION Ire.

SECTION II.

SECTION III.

SECTION IV.

DEUXIÈME PARTIE.

DROIT FRANÇAIS.

CHAPITRE Ier.

CHAPITRE II.

CHAPITRE III.

SECTION Ire.

SECTION II.

APPENDICE.

CHAPITRE IV.

CHAPITRE V.

SECTION Ire.

SECTION II.

SECTION III.

www.ingramcontent.com/pod-product-compliance
Ingram Content Group UK Ltd.
Pitfield, Milton Keynes, MK11 3LW, UK
UKHW021850070726
13613UKWH00001B/98

9 782019 263959